「主体的に学習に取り組む態度」の学習評価完全ガイドブック

技術分野

中学校 技術・家庭

尾﨑 誠・小八重 智史・向田 識弘 編著

JN021585

明治図書

はじめに

　本書を手に取った方は，おそらく「評価」という点について，何か悩みを抱いていたり，困ったことがあったりするのではないかと推察しています。または，研究授業で指導案を書くことになった，校内研究等で「指導と評価」について研究することになったなど，「評価」という点について，何か情報を求めていらっしゃるのではないかと思います。

　今回の改訂では，情意にあたる観点「主体的に学習に取り組む態度」は，従来の「関心・意欲・態度」から考え方が拡張されたため，何をどのように評価すればよいのか，迷っている学校が多いと思います（これは，技術分野に限らず，全ての教科・領域で共通の悩みではないでしょうか）。全く違う趣旨になったわけではありませんが，生徒の情意を見る視点が90度変わったと考えることができます（くわしくは第1章で解説しています）。しかし従前から，学校現場においては，「関心・意欲・態度」を育てるという視点や，「主体的に学習に取り組む態度」を育てるという視点が不足していたように感じることがあります。その結果，「態度」という用語だけが独り歩きすることもあり，この観点の評価に授業中の問題行動や，提出物の有無，挙手や発言の回数，安全な作業行動といった減点しやすい要素が用いられることにつながったと考えられます。

　そのような背景もあって，校内研究や指定研究等で「主体的に学習に取り組む態度」に注目している学校が多いのではないかと推察いたします。高等学校の入学者選抜の資料として「主体的に学習に取り組む態度」の観点別評価を活用するという自治体もあり，「主体的に学習に取り組む態度」の本来の趣旨を尊重したくてもできないのではないかという懸念が生じている方もいらっしゃるかもしれません。

　情意にも学習の目標があります。そのため，中・長期的な題材学習を通して，生徒の「主体的に学習に取り組む態度」を丁寧に育てていく必要があります。その上で，育った態度の状況を適切に把握して，A評価，B評価，C評価を判断していくことが求められます。本書のテーマは，このように「評価」だけではなく「指導と評価」をセットにして事例を紹介することです。そうすることで，「主体的に学習に取り組む態度」の評価の本来のねらい（意義）を理解しやすくなり，適切な「評価」につながるのではないかと考えたからです。

　本書の実践事例には，全国各地で「評価」について工夫している先生方が，研究授業等を通して練られた「理想的な実践例」もあれば，その先生の悩みが投影されている「現実的な実践例」もあります。そういう意味で，本書は技術分野の評価に関するバイブル的な存在ではなく，

「評価」というキーワードで読者と執筆者とをつなぐ「縁結び」のような存在でありたいと願っています。「評価」に全国統一の正解（唯一解）はありません。しかし，学習指導要領がある以上，全国のどの学校でも一定の水準を満たす「評価」を進める必要があります。本書はその架け橋になりたいという思いで編纂しました。

　本書のテーマは，3観点のうち「主体的に学習に取り組む態度」をどうやって育てて，どうやって評価するかということです。生徒全員が同一の製作品を完成させて技能の習得に重きを置く授業だけでは，評価することが難しいでしょう。また，安易に「感想」によって評価することも好ましくありません。従前のような「態度は授業態度や安全面で評価する」といった主観的な考え方から脱却することが求められます。そのため本書では，生徒の記述やレポート，表現等の「アウトプット」や，それらを蓄積した「情意の変容」に注目した事例を紹介するよう心がけました。また，生徒の文章表現から評価する際に「どうやってA評価・B評価・C評価を区別するのでしょうか？」といった判断の迷いや，「あの生徒はどう考えてもB評価ではありませんか？」といった先入観の悩みが生じると思います。それを排して，できるだけ客観的に評価するための考え方や視点を解説するようにしました。

　技術・家庭科技術分野の教員は，各校に1人いるかどうかという現状です。そのため「評価」について悩みがあっても，気軽に相談できないことが多いのではないかと推察いたします。そんなときこそ，本書が皆さんのよき相談相手になってほしいと願っています。本書の事例を読んで，そのまま実践してもよいでしょうし，「自分の授業ならこういう方法でやってみたいな」とアレンジして実践してもよいと思います。また，本書が橋渡しとなって，校内で他教科の先生方と相談しやすくなったり，地区の研究会等で技術分野の担当教員同士が「評価」について共通理解を図るきっかけになったり，さらに家庭分野の先生と「評価」について共通認識をもつきっかけになってもらえたら幸いです。そして全国の学校で，生徒の資質・能力を適切に把握する「評価」が実践され，生徒たちの未来の可能性が広がるような授業実践がさらに増えるように，微力ながら本書が貢献できることを願っています。

　最後になりましたが，各学校での実践を玉稿にまとめていただいた各著者の皆様，本書の根底に流れる理念を汲み取って全体編集に多くの時間と労力を割いてくださった編著者の小八重先生と向田先生に，この場をお借りして感謝申し上げます。本当にありがとうございました。

編著者代表　尾﨑　誠

Contents

はじめに

第2章	具体的な実例でよくわかる 「主体的に学習に取り組む態度」の学習評価	

第 1 章

「主体的に学習に取り組む態度」
の学習評価のポイント

1 　態度評価の考え方と態度を育てる授業づくり

1 　学習指導要領と生徒指導要録の改訂

　本書のテーマは技術・家庭科技術分野（以下「技術分野」）における「学習評価」です。その中でも本書が重視するのは「観点別学習状況の評価（以下「観点別評価」）といわれる部分のうち，「主体的に学習に取り組む態度」という観点の評価です。まずは，技術分野における学習評価や観点別評価について，その考え方を概観していきます。

❶学習評価とは「目標に照らした姿を説明すること」

　本書で注目している学習評価とは「授業者が生徒一人ひとりの姿を，目標に照らして，事実に基づいて把握し説明すること」であるといえます。こういう力を身につけてほしいという目標があって学習（授業）を進めたとき，あの子はこういうことができるようになった／できていない，ということを授業者が事実に基づいて判定し，生徒へ説明するのが，本書の目指す学習評価です（広義には様々な評価活動がありますが，他書に譲ります）。

◆資質・能力の３つの柱→学習指導要領→３観点評価

　平成29年告示の学習指導要領では，全ての教科・領域を通して育成を目指す資質・能力を，次の３つの柱で整理しています。

ア　何を理解しているか，何ができるか（生きて働く「知識・技能」の習得）
イ　理解していること・できることをどう使うか（未知の状況にも対応できる「思考力・判断力・表現力等」の育成）
ウ　どのように社会・世界と関わり，よりよい人生を送るか（学びを人生や社会に生かそうとする「学びに向かう力・人間性等」の涵養）

　この３つの柱に基づき，技術分野の学習を通して育成を目指す資質・能力を「知識及び技能」「思考力，判断力，表現力等」「学びに向かう力，人間性等」の３つに整理しています。学習評価はこの３つの柱に合わせて「知識・技能」「思考・判断・表現」「主体的に学習に取り組む態度」の３つの観点が設定されています。**学習指導要領では「指導の３つの柱（どのような資質・能力を育てるのか）」が，生徒指導要録では「評価の３観点（どのような資質・能力を**

評価するのか）」がそれぞれ規定され，その両者が対応しています。これが指導と評価の一体化です。

◆**目標に照らした実現状況を把握する**

　例えば，技術分野の「内容A　材料と加工の技術」の(2)材料と加工の技術による問題の解決における，学習指導要領と評価規準を見てみましょう。先ほどの３つの柱に沿って，両者が対応していることがわかります（表1）。

表1　学習指導要領と評価規準の対応例

育てたい資質・能力（学習指導要領の指導事項等）	評価の観点と評価規準の例
A(2)ア 製作に必要な図をかき，安全・適切な製作や検査・点検等が**できること**。	観点「知識・技能」 製作に必要な図をかき，安全・適切な製作や検査・点検等が**できる技能を身につけている**。
A(2)イ 問題を見いだして課題を設定し，材料の選択や成形の方法等を構想して設計を具体化するとともに，製作の過程や結果の評価，改善及び修正について**考えること**。	観点「思考・判断・表現」 問題を見いだして課題を設定し，材料の選択や成形の方法等を構想して設計を具体化するとともに，製作の過程や結果の評価，改善及び修正について**考えている**。
分野目標 よりよい生活の実現や持続可能な社会の構築に向けて，**適切かつ誠実に技術を工夫し創造しようとする実践的な態度を養う**。	観点「主体的に学習に取り組む態度」 よりよい生活の実現や持続可能な社会の構築に向けて，**課題の解決に主体的に取り組んだり，ふり返って改善したりしようとしている**。

　このとき，観点別に設定された評価規準は，その内容の学習を終えたとき，生徒一人ひとりにこういう力が身についていてほしい，こういう態度が備わっていてほしい，という生徒の姿であり，**学習の目標（めざすゴール）**でもあります。その目標に対して，何がどの程度まで身についたのかという生徒一人ひとりの姿（**実現状況**）を把握して，観点ごとに評価します。

　実現状況を把握するために，様々な**評価資料**を集めます。それは設計図や計画表，製作品や収穫物，プログラム，レポート課題やプレゼンテーション，定期テスト，授業中のプリント課題，授業者による生徒観察の記録など，様々な種類があります。観点「主体的に学習に取り組む態度」についても，他の観点と同様に**学習の目標（どのような態度を育てたいか）**と，その実現状況を把握するための**評価資料**が必要です。評価資料は，場当たり的にならないよう，目標に照らして実現状況を的確に把握できるものをあらかじめ計画しておくことが大切です。

❷観点別評価とは「生徒の姿を分析的に見ていくこと」

　生徒の行動や，生徒の学習の成果（作品やレポート等）には，生徒がもっている様々な力

（資質・能力）が総合的に発揮されています。そのため，いくつかの作品を並べたときに，その生徒の資質・能力が身についた（成長した）様子が，様々な形で表出します。

　学習評価は，こうした生徒の学習成果を通して，学習の状況を分析的に捉えることから始まります。これが**観点別学習状況の評価**です。評価の観点は，全ての教科・領域で共通の「知識・技能」「思考・判断・表現」「主体的に学習に取り組む態度」の３つです。

　題材末や学期末，学年末等の節目になったら，それぞれの観点について集めた評価資料を整理して，生徒の実現状況を３段階（A・B・C）で評価していきます（これを成績と呼んでいると思います）。集めた評価資料の平均を用いる他，様々な方法が検討されていますが，単なる計算結果として観点別評価を決めるのではなく，その生徒が目標をどの程度実現できたのかを，３つの段階で説明するという考え方が大切です。生徒の資質・能力を分析的に評価することで，生徒の内面に達成感や次の学習への意欲と目標が生まれることでしょう。これが観点別評価を実施するねらいの１つです。

2　「主体的に学習に取り組む態度」の評価

❶態度を評価する３つの側面

　本書のテーマである観点「主体的に学習に取り組む態度」には，３つの側面があります。これは，技術分野の学習を通して育てたい態度を表しています。

> ・「知識及び技能」を獲得したり，「思考力，判断力，表現力等」を身につけたりすることに向けた粘り強い取組を行おうとしている側面（粘り強さ）
> ・その粘り強い取組を行う中で，自らの学習を調整しようとする側面（自己調整）
> ・技術を工夫し創造しようとする側面

　これらの側面は，従来の観点「関心・意欲・態度」を拡張し，別の角度から捉えようとしていると考えられます。

　学習指導要領には，内容A～Dについてそれぞれ(1)生活や社会を支える技術，(2)技術による問題の解決，(3)社会の発展と技術の３つの学習があります。国立教育政策研究所ではこれら(1)～(3)の学習における観点「主体的に学習に取り組む態度」の評価規準を，前述の３つの側面に対応させて，次のように例示しています。

> (1)では…〇技術に興味・関心をもち，進んで技術と関わり，主体的に理解し，技術を身につけようとする態度
> (2)では…〇課題の解決に主体的に取り組んだり，ふり返って改善したりしようとする態度
> 　　　　　〇知的財産を尊重しようとする態度

> (3)では…○よりよい社会の構築を目指して，技術を工夫し創造しようとする態度

　こうした態度の実現状況は，**生徒の意思表示**を通して把握することができます。そのため，レポート課題の中で「あなたが興味・関心をもった技術は何ですか」と問いかけたり，問題解決をふり返るときに「粘り強く取り組んだことは何ですか」「うまくいかないときにやり方を調整することができましたか」と問いかけたりする方法が考えられます。(3)の学習では，これからの未来で生徒自身が技術とどのように関わっていきたいかという意思を表明させる方法が考えられます。こうした方法では，生徒が文章を書く力に左右されないよう，文章を書くのが苦手な生徒でも意思表示しやすく，発問やワークシートを工夫する等の支援が必要です。

❷態度が中・長期的に育った姿は多様である

　実現状況を把握する考え方は様々です。「知識・技能」では，例えば全員に習得してほしい目標（到達目標）に向けて，生徒がどの程度到達しているかを判断することができます（図1）。「思考・判断・表現」や「主体的に学習に取り組む態度」では，例えば**目標に向かってA評価やB評価と認められる生徒の姿をいくつか設定しておき，どの姿に当てはまるか，または生徒一人ひとりに変容が見られるかを判断**することができます（図2）。

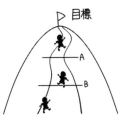

図1　到達目標の例

　「主体的に学習に取り組む態度」は，中・長期的に育つものです。そのため，学習の導入時に全く興味・関心をもっていなかった（例えばC評価の）生徒が，学習を通して少しずつ興味をもち始め，徐々に意欲的になり（例えばB評価），最終的にはあきらめず粘り強く，自己調整しながら課題解決に取り組めるようになった（例えばA評価），ということがあり得ます。この場合，生徒の内面に態度が醸成されたと判断することができますから，**最終結果を重視してA評価と判断する**ことが妥当でしょう。

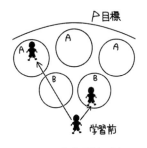

図2　方向目標の例

導入→	学習の過程	→まとめ			観点別評価は？	
A	A　A　A	A	→	平均してもA，最終的にもA	→	「A」が妥当
C	B　A　B	C	→	平均するとB，最終的にはC	…どちらがよい？	
C	C　B　B	A	→	平均するとB，最終的にはA	…どちらがよい？	

　例えば，(2)技術による問題の解決において，毎時間のふり返り（感想）を書かせて毎回の評価をつけて平均化するのではなく，そのふり返りの蓄積を参考にしながら問題解決の全体をふり返って自己評価した結果や，次の問題解決に向けた意思や態度を評価する方が妥当であると

いうイメージです。たとえ生徒が忘れものをしても，評価せず，生徒の頑張りを応援して支える方が，最終的な態度の醸成につながりますし，先生も生徒も評価がうれしくなるはずです。

3　育てたい態度とは

❶「主体的に学習に取り組む態度」の特徴

　観点「主体的に学習に取り組む態度」は，「学びに向かう力，人間性等」のうち，観点別評価を通じて評価できる部分を対象にしています。ここでいう態度を，生徒一人ひとりの内面に少しずつ醸成（涵養）される価値観や，行動の傾向と捉えると，実現状況を把握しやすくなります。ここで留意したいことは，**「主体的に学習に取り組む態度」にも目標がある**ということです。技術分野の授業を通して，どのような態度を育てたいのかという目標を，学習指導要領に基づいて適切に設定しておく必要があります。また，その目標に照らして，どのように態度が育ったのかを，生徒一人ひとりについて適切に評価していきます。他の観点と同様に，**学習を通して「主体的に学習に取り組む態度」を育てる指導があり，その指導に対する評価を実施する**ことになります。

　そのように考えると，忘れ物や授業態度といった形式的な態度は「技術分野の授業を通して育てたい態度」とはいえないため，評価の対象にならないということになります。

❷態度は長期的に少しずつ醸成される

　「主体的に学習に取り組む態度」は，生徒の内面にある「心の風船」のように考えるとわかりやすいと思います。

　題材の学習前は，技術にあまり興味をもっていなかった生徒が，(1)生活や社会を支える技術の学習を通して，身近な技術の仕組みや工夫について学習し「技術って何だろう？」「技術っておもしろそうだな！」と興味・関心を抱き始めます。すると「あの技術について，もっと調べてみたいな」「自分でも何かつくってみたいな」という意欲（内発的動機づけ）がわいてきます。

　そして，(2)技術による問題の解決の学習では，実際にプログラム等をつくりながら問題解決（課題解決）に取り組みます。その過程でうまくいかないことやわからないことがあっても，態度が育っていれば「あきらめないで，目標に向かって最後までやり遂げるぞ」といった粘り強さや，「わからないことは自分で調べて解決しよう」「うまくいかないから設計を少し見直そうかな」といった自己調整が，生徒の課題解決を支えます。

　そして，自分の力で課題解決（問題解決）をやり遂げた後，(3)社会の発展と技術の学習でこれからの技術の在り方について話し合ったときに，「次につくるときはこうしたいな」「これからの社会では，技術をもっと活用したい」といった次の目標に向かう意思を表明します。

　このように，生徒の内面にある態度（心の風船）が少しずつふくらんでいくイメージで捉えると，指導と評価をしやすくなります。大まかにいえば，(1)生活や社会を支える技術の学習では技術に対する興味・関心や学習への意欲を喚起します。これが以降の学習での粘り強さにつながります。(2)技術による問題の解決の学習では，問題解決（課題解決）に取り組む過程を通して，粘り強さや，自己調整する意思，メタ認知等を育てていきます。これを土台として(3)社会の発展と技術の学習では，技術に主体的に向き合おうとする態度（意思）や，技術を工夫し創造しようとする態度（＝教科目標にある態度）を育てていきます。

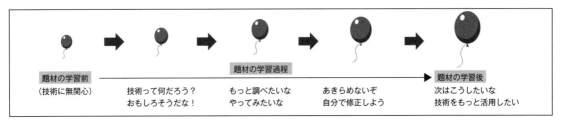

図3　主体的に学習に取り組む態度は，学習を通して少しずつふくらんでいく

❸態度は，他の観点と組み合わせて指導・評価する

　生徒の心の風船がふくらむときには，興味・関心をもったことで知識や技能の習得を促したり，逆に知識や技能を習得したことで興味・関心が喚起されたりします。課題解決の過程で，粘り強さが身についていなければ，うまくいかなかったときにそれを乗り越えて課題解決を続けるのは難しいでしょう。そのように，「知識・技能」の習得や「思考・判断・表現」の育ちを，「主体的に学習に取り組む態度」が支えるという関係性があることを意識して，指導と評価にあたるとよいでしょう。

　例えば(1)生活や社会を支える技術の学習で，身近な情報技術の工夫を調べるレポート課題に取り組んだとします。このとき，自分が興味・関心をもった情報技術を選んで（＝生徒が設定した学習目標），その技術の仕組みや工夫を調べる活動（＝観点「思考・判断・表現」の評価）に加えて，お互いの成果を共有した後に「学習を通して，**情報の技術について**思ったことや感じたことを書きましょう」と問いかけることで，工夫を調べる活動に伴う生徒の態度の育ち（＝心の風船がふくらんだ様子）を把握することができます。このように「思考・判断・表現」と「主体的に学習に取り組む態度」を組み合わせて指導・評価するとよいと思います。

　態度の評価で，生徒の気持ちを表現させたいとき，「感想を書きましょう」と漠然とした問いかけになってしまうと，生徒が何を書いてよいのかわからなくなります。態度を育てる目標があるので，その目標にあわせて問いかけを工夫することも大切です。

（尾﨑　誠）

2 上手に評価するポイント

1 「主体的に学習に取り組む態度」の記入欄を設ける

　生徒の気持ちや思い，態度といった情意の状況を把握したいとき，何となく「感想を書きましょう」と問いかけがちです。しかし，「主体的に学習に取り組む態度」には学習の目標があります。そこで，ワークシートをつくるときに次のように工夫すると，生徒の態度や意思的な側面を表現しやすくなり，生徒が書きやすく，授業者が評価しやすくなります。

❶思ったことや感じたことを蓄積して，変化を把握する

　実習や体験を通して，生徒は様々なことを思い，感じます。その瞬間の感情を作業記録表や観察記録表に記入して蓄積しておくことで，生徒の気持ちや思いの変化を読み取ることができます。そのために，「主体的に学習に取り組む態度」のための記入欄を設け，「○○について思ったことや感じたことを書こう」と問いかけます。「○○」には学習を通して関心を向けてほしい方向を，例えば「コンピュータについて」「生物育成について」といった具合に示します。

　題材末（または学期末）には，この蓄積を見ながら題材全体の学習をふり返ることで，生徒の態度の長期的な変容がよりはっきり見えるようになります。

ミニトマト観察記録 Ver.1							2年　組　番　なまえ	
No	月/日	発芽からの日数	苗の写真	与えた肥料（杯）	取り替えた水の量(ml)	ミニトマトの様子	今日から次回までの管理作業	生物育成について思ったことや感じたこと
4	5/31			2	500	花が少なくなっていて，実が約8個生えていた。前からあったやつはやっぱり大きくなっていた。茎自体がとても太くなっていて，たくさん葉っぱがあった。根っこの量が一気に増えていた。	○肥料を擦り切れ二杯いれた。○水の減りが早くなったからこまめに変える。○摘芽をつんだ。	前よりも実が急激に増えていて，しっかりとした実になっていた。実の近くを嗅ぐと，ちゃんとしたトマトの匂いがした。根っこの量が増えたから，水を変えるときに根っこが引っかかってしまった。茎の量がすごく増えていて，均等に生えていた。トマトの上の葉っぱになる部分がしっかりと開いていた
5	6/7			2	500	実の数が9個になっていて，一番最初にできた実がとても大きくなっていた。茎もしっかりしてきたけど，上に大きくなったから重さに耐えられなくなってきていて，少し傾いてしまった。花の数も少なくなっていて，トマトの実に模様ができ	○水の入れ替え。など	もう少し頻繁に水を変えようとおもった。トマトの実ができると，斜めってしまうからしっかりと支柱に支えてもらえるようにしたい。
6	6/21			2〜0	500	葉っぱが少しクルッとしてきていた。寒さか肥料のあげ過ぎかは分からないけど，今少し肥料を減らしている。土の部分に少しカビが生えてきてしまっていた。実がかなり大きくなってきていて，上のヘタの部分がはねていた。葉の数が	○葉がクルッとしてきてしまっているから，肥料の量をおさえた。○水を2日に一回変えるようにした。○台をつけて，トマトの重さにペットボトルが耐えられるようにした。	かなり実が大きくなっていて，トマトの匂いが強くなっていた。寒さか肥料のあげすぎかは分からないけど，ちょっと肥料を減らしても異常はなかった。ただ，肥料がもうほとんどないから，どうすればいいかわからない。二本あるから肥料は二杯あげないとダメだとおもった。気根がたくさんあって，健康
7	6/28			2	500	実が赤くなって，大きくなっていた。どんどん茎も長くなっていて，ちょっと傾いてきてしまっていた。葉の色もきれいになっていて，クルッと葉っぱがなっていた。カビが生えている葉っぱが一枚あった。肥料をまた新しいのをあげるようになって，実がまた元気になった。	○肥料をまた二杯あげるようにした。○カビが土の上にできてしまったから，取り除いた。○カビが生えている葉っぱをとった。☆実がもうちょっと赤くなったら，収穫する。	実が赤くなっていて，遠くからみてもトマトとわかるようになった。ちょっと水が少なくなっていたから，水をしっかりと変えようと思った。もうちょっと実が赤くなったら収穫できるから，早く赤くなってほしい。取ったとしても，しっかりと甘くなっているか心配。

1人1台端末を利用して「主体的に学習に取り組む態度」の記録を蓄積している例

❷生徒自身の意思や態度を表明させる

「思考・判断・表現」の学習に続けて，生徒自身が技術とどのように向き合いたいのか，どんなことをやってみたいのかといった意思や態度を表明させる記入欄を設けます。

このとき，質問の意図を明確にするような問いかけが重要です。あいまいに質問しないように，問いかけを十分に吟味します（例１・２）。文章を書くことが苦手な生徒がいる場合は，書き出しの文章をあらかじめ書いておく（例１），書き方の例を載せておく（例２），記号や選択肢とその理由を組み合わせる（例３）などの工夫が考えられます。

例1

あなたがこれから情報の技術と向き合うときに，大切にしたいことを書きましょう。

> 私はこれから，

例2

材料と加工の技術に込められた工夫を調べて，あなたが興味をもったことや，さらに調べてみたいことを書きましょう。

例1：私は○○に興味をもちました。それは〜だからです。

例2：今回，○○について調べてみて，（こういう）ことをもっと知りたくなりました。

例3

評価項目	◎○△	その理由
最後まであきらめずに，粘り強く学習に取り組めましたか。		

（尾﨑　誠）

3 関心・意欲・態度，粘り強さ，自己調整

　ここでは，「主体的に学習に取り組む態度」の評価を考える上で重要なキーワードをいくつか取り上げようと思います。授業者一人ひとりが，生徒の実態の把握や授業における「主体的に学習に取り組む態度」の評価方法を工夫する際のヒントになれば幸いです。

1　関心・意欲・態度

　従来の「関心・意欲・態度」では，生徒の内面に醸成された心情や感情，技術に対する価値観と，それに連動する学習行動に注目されていました。「関心・意欲・態度」は，大まかにいえば，次のような①～⑤の段階を経て少しずつ醸成されていきます。

---

①技術に対して無意識だったが，興味・関心をもつようになる。
②興味・関心を入口に，進んで学習に取り組もうとする意欲が生まれる。
③目標に向かって自分で学習を進めていこうとする態度・意欲が醸成される。
④生活や社会で，技術を進んで活用しようとする態度・意欲が見られるようになる。
⑤技術に対する価値観が形成され，技術を評価し活用しようとする態度が醸成される。

　例えば1年生ならば，①の状況からスタートして，学習を進めながら②や③の状況に近づいていきます。3年生ならば，③の状況からスタートして，④や⑤の状況が見られるようになり，技術に関する進路選択につなげる生徒もいることでしょう。生徒は3年間の学習を通して，①や②のような「関心・意欲」を学習の入口として，③～⑤のような「態度・意欲」という出口に向かって，内面の情意を自分で育てていきます。

　このように考えると，題材の学習の流れを下図のように「関心・意欲」と「態度・意欲」に挟まれたサンドウィッチ型の展開にすることで，3観点をバランスよく育てることができます。この流れは，1単位時間の授業にも当てはまります。

　これを「主体的に学習に取り組む態度」の指導と評価に当てはめると，(1)生活や社会を支える技術の学習では「関心・意欲」を，(2)技術による問題の解決や(3)社会の発展と技術の学習では「態度・意欲」を，それぞれの目標にすることが適切ではないかと考えられます。

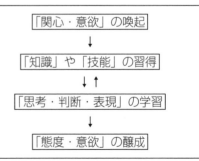

サンドウィッチ型の授業構成

2 粘り強さ，自己調整

「主体的に学習に取り組む態度」は，従前の「関心・意欲・態度」をより拡張した捉え方になっています。その背景にあるのは，学習に関する研究が進み，「学校の授業を通して生涯にわたって自分自身で学び続けていく態度を育てていくこと」が重要であるという考え方です。そこで注目されたのが「自己調整学習」という理論です。

自己調整学習では，次のような3つの段階を経て学習を進める姿が期待されています。

> ①予見段階：生徒が学習の目標を設定し，目標達成のための方略（計画など）を考える。
> ②遂行段階：課題に集中する，粘り強く学習を続ける，自分の状況を把握する。
> ③自己内省段階：自分の状況を目標に照らして自己評価する，成功や失敗の原因を考える，
> やり方を修正しようと考える。

このように**自分の状況を把握**（メタ認知）し，うまくいかなければ**やり方を調整**しながら，あきらめずに**粘り強く**（動機づけ），自分の意思で学習を続けようとすることを「自己調整」といいます。つまり「主体的に学習に取り組む態度」は，生徒の**意思や行動**を重視しています。そのため，生徒の行動と学習結果，「知識・技能」や「思考・判断・表現」の学習状況，その学習に取り組もうとする意思表示や態度表明とをうまく組み合わせて，生徒の実現状況を把握していくことが大切になります。

従来の「関心・意欲・態度」と「主体的に学習に取り組む態度」の3つの側面とは，互いに関連付けて考えることができます（右図）。例えば，「おもしろいな」「自分でやってみたいな」という技術への**関心・意欲**という情意は，最後まであきらめずにやり遂げようとする**粘り強さ**に関連付けることができます。そのため，従来の「関心・意欲」や「態度・意欲」を育てる考え方に，自己調整する側面や意思的な側面を加えて育てるようにすることで，指導と評価の計画を整理しやすくなります。

「関心・意欲・態度」と「主体的に学習に取り組む態度」

3 他観点との連動性

平成31年に，中央教育審議会初等中等教育分科会教育課程部会が「児童生徒の学習評価の在り方について（報告）」を公表しました。この中で，今回の改訂につながる3観点評価の考え

方が初めて示されました。この報告では，観点「主体的に学習に取り組む態度」の評価の在り方について，次のように説明しています。

> この考え方に基づけば，単元の導入の段階では観点別の学習状況にばらつきが生じるとしても，指導と評価の取組を重ねながら授業を展開することにより，**単元末や学期末，学年末の結果として算出される3段階の観点別学習状況の評価については，観点ごとに大きな差は生じない**ものと考えられる。仮に，単元末や学期末，学年末の結果として算出された評価の結果が「知識・技能」，「思考・判断・表現」，「主体的に学習に取り組む態度」の各観点について，「ＣＣＡ」や「ＡＡＣ」といったばらつきのあるものとなった場合には，児童生徒の実態や教師の授業の在り方など**そのばらつきの原因を検討し**，必要に応じて，児童生徒への支援を行い，児童生徒の学習や教師の指導の改善を図るなど速やかな対応が求められる。
>
> (pp.12〜13)

これを根拠にして，「ＣＣＡ」や「ＡＡＣ」のような評価をつけてはならないといった誤解も生じているようですが，そうではなく，次のように解釈できます。

○「主体的に学習に取り組む態度」は，問題解決的な学習を通して，知識や技能を習得したり，思考力・判断力・表現力が高まったりすることによって，少しずつ醸成される。
○そのため，題材の導入では，まだ連動していないので，評価がばらつくこともある。
○しかし，題材の終末（または学期の区切り）では，3観点をバランスよく育んでいるはずだから，大きな差が生じたときは，指導と評価が適切かを確認しましょう。

この件について，指導と評価を見直す視点としては，次のようなことが考えられます。

◇観点「主体的に学習に取り組む態度」の評価資料が挙手や発言，忘れ物，授業中の行動といった形式的な態度になってないか。生徒の名前を見て，生徒に対する印象から無意識に評価していないか。
◇ワークシートに気持ちや意思を書かせるときに，記述の量が多いからＡ評価，少ないからＣ評価のように，表面的な判断基準になっていないか。文章を書くのが得意な生徒が有利になっていないか。
◇「思考・判断・表現」の学習と関連付けて，問題解決的な学習の過程で，生徒一人ひとりのメタ認知（目標に向かう自分の状況を把握すること）や自己評価するスキルを育てているか。その力を適切に把握しているか。
◇「知識・技能」の学習と関連付けて生徒の興味・関心や意欲を育てているか。問題解決的な学習の過程や，社会の発展と技術について考える学習を通して，生徒が技術と向き合おうとする意思や態度を育てているか。また，その内面を適切に把握しているか。
◇評価資料を総合するときのバランスは適切か（例えば，作品の加工技能に重きを置きすぎていないか，評価資料の数が観点ごとに違いすぎていないか）。

4 「主体的に学習に取り組む態度」の育て方

こうした3つの観点の評価のズレを少なくするために，授業を通して3つの観点をバランスよく育てる学習指導を心がけるのが望ましいでしょう。このとき，「主体的に学習に取り組む態度」に関する学習活動を単独で扱う場面ももちろんありますが，多くの場面では「知識・技能」を習得する学習活動や，「思考・判断・表現」を育てる学習活動を通して，「主体的に学習に取り組む態度」も一緒に育てることになると思います。

❶「知識・技能」と「主体的に学習に取り組む態度」の育て方

材料の特徴や電気機器の仕組み等，身近な技術や社会で利用されている技術の仕組みや原理・法則を理解する「知識・技能」の学習を通して，技術への興味・関心を喚起するように働きかけます。そして，例えば知識の学習後に「思ったことや感じたことを書こう」と問いかけたり，技能について自己評価する際に「設計・製作をやってみて，思ったことや感じたこと，あなたが頑張ったことを書きましょう」と問いかけたりして，技術に対する興味・関心の広がりや，粘り強さの状況を把握すれば，観点間の評価のズレは小さくなります（5節・6節も参照）。

❷「思考・判断・表現」と「主体的に学習に取り組む態度」の育て方

「思考・判断・表現」と関連付けるときは，自己調整しながら学習を進めるためのスキルを指導するとよいでしょう。例えば，技術による問題の解決に取り組ませながら，生徒に目標（自己課題）を意識させます。製作・制作・育成の学習では，毎時間の授業の終わりに自分の問題解決の進み具合を点検させ，その後の作業計画を調整させます。このようにして，生徒自身が目標を意識しながら学習を自

作業記録表の例

己調整して進めていき，製作品が完成したり，作物を収穫できたりすることで，達成感や満足感を得ることができます。さらに，問題解決できたかどうかを自己評価（あるいは相互評価）させることで，問題解決に取り組もうとする態度や，うまくいかないときに自己調整しながら粘り強く取り組もうとする態度，次の問題解決に向けて新しい方策を考えようとする態度などが育っていきます。

こうして育ったスキル，達成感や満足感，態度といった面を，レポートやプレゼンテーション，ワークシート等に表現させて態度の状況を把握すれば，観点間の評価のズレは小さくなります（第4項の6節・7節も参照）。

(尾﨑　誠)

4 3つの学習における態度評価のポイント

1 (1)生活や社会を支える技術の評価規準を設定する

　学習指導要領における内容 A～D のそれぞれに，(1)生活や社会を支える技術という学習が位置づけられています。この学習では，身近な生活や社会にある技術（Technology）に興味・関心をもち，その技術の仕組みを調べ，背景にある原理・法則を理解していきます。

　この学習の評価規準は，『「指導と評価の一体化」のための学習評価に関する参考資料』において次のように例示されています。

> **主体的に○○の技術について考え，理解しようとしている**
>
> ※「○○」には，内容のまとまりにあたるもの（材料と加工，生物育成，エネルギー変換，情報）が入ります。（参考資料の p.125など）

　「考え，理解しようとしている」とあるのは，「知識・技能」の習得や，「思考・判断・表現」の学習と，「主体的に学習に取り組む態度」の育ち（醸成）とが連動していることを表しています。そこで，実際の授業での評価規準を作成する際には，次の例のように，「知識・技能」や「思考・判断・表現」のねらいにもふれておくとわかりやすくなります。

> ・○○の技術に**関心をもち**，○○の技術の仕組みや原理・法則を**進んで調べ，理解しよう**としている。
> ・○○の技術と**進んで関わり**，主体的に**理解し**，技能を身につけようとしている。

2 「知識・技能」の学びから生じる興味・関心，達成感

　授業では，教科書等を用いて身近な技術の仕組みや原理・法則について学習します。そのとき，生徒の心の中に「へえー，そうだったんだ！」「知らなかった！」という発見や驚きが生じると，それが技術に対する興味・関心につながります。そうすると，「あれも技術かなあ」「もっと知りたいな」「自分でもつくってみたいな！」と，授業の枠を越えて技術に興味・関心を抱き，技術について進んで学習したいという意欲が生まれます。これが，次の学習につながる粘り強さとモチベーション（内発的動機づけ）につながります。

　(1)生活や社会を支える技術の学習で，製作・制作・育成に必要な技能を習得する場面もある

でしょう。例えば，練習作品の製作を体験する，短期間で作物を栽培する，畜舎で動物の管理を体験する，簡単なプログラムを作成するといった活動です。このとき，初めて体験して「おもしろかった！」「うまくいった！」「もっとやってみたいな」という満足感や達成感があったり，「先生から上手だねってほめてもらった！」「友達と一緒にきれいにつくれた！」という喜びや共感があったりすれば，それが次の学習を進める意欲や粘り強さにつながります。

3 「思考・判断・表現」の学びから生じる知的好奇心

例えば，身近な材料の技術の工夫を調べるレポート課題に取り組んだとします。このとき，自分が興味・関心をもった材料の技術を選んで（＝生徒が設定した学習目標），その利用例や工夫を調べたり考えたりする活動（「思考・判断・表現」の学習活動）があります。その学習に続けて「あなたが興味・関心をもったこと，さらにやってみたいと思ったことを書きましょう」と問いかけることで，「思考・判断・表現」の学びを通して生じた興味・関心や知的好奇心の様子を通して，生徒の態度の育ち（＝心の風船がふくらんだ様子）を把握することができます。

図5 材料の利用例や特徴を調べて，思ったことや感じたことを書こう。

ふだん自分たちが使っている物、ゴミとして出した物が環境に優しい材料でつくられていることを知り、身近で材料を使っている物をさがしたくなりました。

図5 材料の利用例や特徴を調べて，思ったことや感じたことを書こう。

材料は分けなくてもいいと思っていたが分けることには使い道があるから分けなくてはならないということが分かった。軽くて丈夫なものも便利で使いやすいし、しっかりと意味があるということが調べて思いました。

工夫調べ発表会を通して思ったことや感じたことの記述例

4 内面に生じた感情と，次の学習への意欲を評価する

そこで，観点「主体的に学習に取り組む態度」の評価では，こうした「知識・技能」や「思考・判断・表現」に関する学習を通して**生徒の内面に生じた興味・関心，満足感や達成感，知的好奇心と，次の学習に対する意欲**とを組み合わせて評価する方法が考えられます。

このとき，どのような感情を表現してほしいのかを明確に問いかけることが大切です。何となく「感想を書きましょう」と問いかけるのではなく，次のように評価したいことを明確に例示するとよいでしょう。

・○○の技術の仕組みを学んで，あなたが興味・関心をもったことは何ですか。

・ものづくりを体験してみて，あなたがうれしかったことや満足したことを書きましょう。

・学習を通して，○○の技術について思ったことや感じたことを書きましょう。

・あなたがもっと知りたい，学びたい，やってみたいと思うことを書きましょう。

5　(2)技術による問題の解決の評価規準を設定する

　学習指導要領における内容A～Dのそれぞれに，(2)技術による問題の解決の学習が位置づけられています。この学習では，身近な生活や社会にある問題を，技術を活用して解決する方法を学びます。学習は中・長期間になるため，生徒一人ひとりが学習を進めていく推進力（意欲や粘り強さ）や，自分の学習を自己調整する意思などが求められます。

　この学習の評価規準は，『「指導と評価の一体化」のための学習評価に関する参考資料』において次のように例示されています。

よりよい生活の実現や持続可能な社会の構築に向けて…①，課題の解決に主体的に取り組んだり…②，振り返って改善したりしようとしている…③（参考資料の pp.125～126など）

　①の部分は，問題を見いだして課題を設定する（思考・判断・表現）際に，身近な生活や社会に関心をもっていることや，自分の学習目標を設定していることを表しています。

　②の部分は，設計・計画や製作・制作・育成の学習活動において，自ら進んで取り組み，最後まであきらめずに粘り強く取り組むことを表しています。

　③の部分は，毎時間や学習のまとまり毎，問題解決を終えた後に，生徒自身が自分の取り組みをふり返ることを表しています。その際に，設定した目標に照らして自己評価することや，学習を自己調整してやり方を改善・修正すること，次の問題解決に向けた改善策を考えようとすることを表しています。

　あわせて，**知的財産を尊重する態度**も求められています。他者の著作物（設計図や計画表，レポート，プログラムなど）を参考にする際の知的財産権に配慮することや，オリジナルの新しい発想を大切にすること等の状況を把握します。

　以上のことから，(2)技術による問題の解決における観点「主体的に学習に取り組む態度」の評価規準は，次のように「知識・技能」や「思考・判断・表現」の学習活動と関連付けて設定すると，ねらいがわかりやすくなります。

・自分なりの新しい考え方や捉え方によって，解決策を構想しようとしている。

・他者のプログラムを参考にしながら，自分なりの新たなアルゴリズムを発想するなど，

　　知的財産を創造，保護及び活用しようとしている。
・自らの問題解決の過程をふり返り，解決結果がよりよいものとなるよう，粘り強く改
　善・修正しながら学習を進めようとしている。
・自らの問題解決をふり返り，次の問題解決がよりよいものとなるよう，改善策や修正案
　を考えようとしている。

6　課題の設定，設計・計画における態度評価

❶粘り強く設計・計画を考えようとする姿

　身近な生活や社会にある問題を見いだすためには，技術への「関心・意欲」が育っており，技術の見方や考え方を働かせて生活や社会を見つめていることが大切です。そのため，問題を見いだせることや具体的な（有益な）課題を設定できることを通して，技術への「関心・意欲」が育っていると見なすことができます。

　また，設計や計画は，時間をかけてじっくり考えることが多いと思います。そのため，難しいと感じていても，構想を最後まであきらめずに考え抜くことができれば，粘り強く学習に取り組もうとする態度が育ちつつあると見なすことができます。

❷設計・計画で知的財産を尊重しようとする姿

　設計や計画は，自分で考えたり他者から評価されたりして，何度も修正（自己調整）して完成させます。その過程で，他者のアイデアや著作物（設計図，プログラム，前年度のレポート等）を参考にする際は，それを丸写しするのではなく，自分の課題（目標）に合う部分だけ参照すること

■ 4　作品の構想を具体化しよう

⑥使用目的・使用条件	いつ，だれが，どこで，何のために
⑦参考にした部分	（　）お手本の設計図 →〔　〕番の　　　　　ラック （　）他者のアイディア 　　　　　　　　　　　　　　　　　　の部分
⑧オリジナルの部分	

や，他者のアイデアを参考にして新しいアイデアを生み出すことが大切です。その際，設計・計画の過程で知的財産をどのように採り入れたのか，どの部分がオリジナル（独自性）なのかを記述させる方法が考えられます。

7　製作・制作・育成における態度評価

❶毎時間のふり返り　思ったことや感じたことの記録

　実習を通して知識や技能を習得したり，それらを活用して製作・制作・育成に取り組んだりすることで，「おもしろいな」「もっとやってみたいな」「あれはどうなっているんだろう？」

といった関心・意欲，知的好奇心が刺激されて，生徒の「関心・意欲」や「態度・意欲」が少しずつ育っていきます。そのため，毎時間のふり返りカードに「体験を通して思ったことや感じたこと」の記録を蓄積していくことで，生徒の

作業記録表

★オモテ面の「進度」にも，色をぬっておこう。

月日	今日の作業内容	材料や加工の技術について 思ったこと・感じたこと	次回の目標	先生 チェック
1				
2				

「関心・意欲」や「態度・意欲」が育っている様子を把握しやすくなります。この蓄積は採点のためではなく，生徒の態度を育てる働きかけと考えることで，先生も生徒も気持ちがラクになると思います。

　ただし，学期末に評価する資料にする場合は，記録の蓄積を眺めて生徒の「関心・意欲」や「態度・意欲」が目標（評価規準）の方向に向かって育っているかどうかを見極める方法が考えられます。

❷毎時間のふり返り　作業進度の自己調整

　問題解決的な学習では，生徒一人ひとりの学習のペースが異なります。しかし，授業時数は全員に平等です。そのため，生徒が自身の学習の進み具合や作業の状況を把握するスキル（メタ認知）や，それを自己調整するスキルを育てる必要があります。

　例えば，作業記録表の中に，自分の作業進度をグラフで記入させる欄を設けてみます。その際「先生が想定している作業の進度」や「自分で立てた作業計画」を併記します。すると，生徒は自分の作業進度が早いのか遅いのかを客観的に把握しやすくなります。そして，「進みが早いから，次の時間は作業をもっと丁寧にできそうだな」「ちょっと計画より遅れているから，設計をこう修正しようかな」と，生徒自身が自分の学習を自己調整しやすくなります。

　このふり返りは，そのまま評価資料にするのではなく，問題解決を終えてふり返る際に，自己評価と次への改善策を考えるための参考にさせるとよいでしょう。

❸完成時・収穫時の喜びや達成感

　製作品やプログラムを完成させたときや，作物を収穫したときに，設計・計画の通りに完成（または収穫）できたか，上手に加工（または作業）できたか，といった技能の自己評価をすることがあります。その際に完成した（または収穫した）喜びや達成感を表現させることで，生徒の「態度・意欲」が育った状況を把握しやすくなります。例えば「完成して感じた喜び，満足感，達成感を書いてみましょう」と問いかける方法が考えられます。

　ただし，態度について記述させる回数が多くなって生徒の負担が増えてしまう場合には，後述の「問題解決のふり返り」の中に含める方法もあります。

8　成果の評価における態度評価

　成果の評価の学習は，(2)技術による問題の解決のまとめにあたり，観点「主体的に学習に取り組む態度」の評価にとって重要な場面です。そのため，ここまで取り組んできたことをふり返る際に，蓄積してきた記録を眺めながら，自己の内面の成長に気づかせることが大切です。さらに，次の問題解決に向けて改善策を考えようとする態度や，授業以外の場面でも進んで技術を活用して問題解決に臨もうとする態度の状況を把握していきます。

❶問題解決レポート

　問題解決では，設定した課題の解決を目指して設計・計画や製作・制作・育成に取り組んでいきます。その成果（製作品，プログラム，収穫物等）によって，設定した課題を解決できるかどうかを試す（または検証する）ことが，問題解決のふり返りにあたります。そして，設計・計画通りに課題を解決できたのかを評価し，うまくいったことやうまくいかなかったこととその原因を考えることで，次はこうしたい・ここを改善したいという改善・修正について考えることができます。

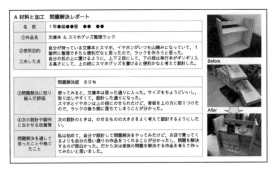

　このように問題解決をふり返った結果を，問題解決レポートや成果発表等の方法で表現します。その際，生徒自身が考えたこと（分析，評価，原因，改善・修正）に加えて，**「次の問題解決に向けて，今回の経験をどう生かしたいと思うか」**という意思や態度を表明させます。そうすることで，生徒の「技術を工夫し創造しようとする態度」の状況を把握することができます。

❷問題解決のふり返り

　問題解決のふり返りを終えたところで，題材全体の態度の変容を自己評価させます。例えばふり返りカードを利用して「問題解決をふり返って」自己調整しながら粘り強く問題解決しようとしたか，「次の問題解決に向けて」どのようなことを頑張りたいかと問いか

けます。実感に基づいた自己評価や，経験に基づく具体的な改善策，前向きな意思表示等を読み取ることで，「粘り強さ」「自己調整」「技術を工夫し創造しようとする態度」の３つの側面の状況を，総合的に把握して評価することができます。

9　(3)社会の発展と技術の評価規準を設定する

学習指導要領における内容Ａ～Ｄのそれぞれに，(3)社会の発展と技術の学習が位置づけられています。この学習では，ここまでの学習を生かして，技術の役割や影響について理解を深めながら，社会の発展につながる技術のよりよい在り方や未来展望について考えます。そして生徒自身が，これから技術とどのように向き合っていきたいかという態度を表明して，題材の学習を締めくくります。

この学習の評価規準は，『「指導と評価の一体化」のための学習評価に関する参考資料』において次のように例示されています。

> **よりよい生活の実現や持続可能な社会の構築に向けて…①，○○の技術を工夫し創造しようとしている…②**
> ※「○○」には，内容のまとまりにあたるもの（材料と加工，生物育成，エネルギー変換，情報）が入ります。（参考資料のp.126など）

①の部分は，様々な視点や立場から技術の優れた点や問題点を見極めようとする態度や，技術を積極的に活用して問題を解決しようとする態度を含んでいます。

②の部分は，技術のよりよい在り方や将来展望を考えようとする態度や，自ら技術に積極的に向き合っていこうとする態度を表しています。

そこで，実際の授業での評価規準は，次の例のように，今後（または将来）に向けた態度が表れている姿や，様々な視点や立場から技術を工夫し創造しようとする側面に着目して，目指したい姿を具体的に設定すると，ねらいがわかりやすくなります。

> ・安全な生活の実現に向けて，情報の技術を工夫し創造していこうとしている。
> ・より安心・安全な地域社会の構築に向けて，生物育成の技術を進んで活用し，新しい技術の開発に進んで関わろうとしている。
> ・持続可能な社会の構築に向けて，材料と加工の技術のよりよい在り方について考えていこうとしている。

10　意思表示や態度表明による態度評価

　(3)の学習は，1〜2時間扱いで位置づけられ，「知識・技能」「思考・判断・表現」「主体的に学習に取り組む態度」の3つの観点をバランスよく評価していきます。学習の終末では，「主体的に学習に取り組む態度」に対応させて，将来に向けた意思や態度を表明させるのがよいでしょう。

■1
話し合い活動を通して，技術の概念（役割や影響，環境との関わり等）を整理します。優れた点や問題点等を見極めようとする態度を育てます。

⬇

班で話し合い，社会の問題を解決するための技術の在り方や，新しい技術の開発について考えます。
様々な視点や立場から技術の在り方を考えようとする態度や，技術を積極的に活用して問題を解決しようとする態度を育てます。

⬇

■2
自分なりに，よりよい技術の在り方や新しい技術の開発について，考えを整理します。
これは観点「思考・判断・表現」の評価資料にします。

■3
生徒自身に，これから技術と向き合う意思や態度を表明させます。
これは観点「主体的に学習に取り組む態度」の評価資料にします。

学習日（　　月　　日）210208-v1

社会の発展とエネルギー変換の技術（P140〜144）

■1 教科書を読み，「エネルギー変換の技術」のプラス・マイナスを整理しよう

プラス	マイナス
・便利な製品がふえた→豊かさ	・二酸化炭素の排出量がふえた
・効率よくエネルギーを使える	・価格が上がった　・土地が必要
・安心・安全な生活　・大量生産	・ぼう大なエネルギー　・資源の枯渇
・CO₂を排出しない発電	・被害が広がりやすい　・事故

・複数のことを同時に

■2 「エネルギー変換の技術」の未来について考えよう
　将来，社会の発展を支えたり，社会の問題を解決したりするために，どのようなエネルギー変換の技術が発達するとよいだろう。あなたの考えをまとめよう。
　※環境，自然災害，健康，福祉，人権，新型コロナウィルス，過疎，経済，安全，貧困など，広い視野で考えてみよう。

> 私は風力発電と太陽光発電を組み合わせた切りかえのできる発電が発達すればよいと思いました。自転車などは昼は外においてあることが多いと思います。そのときに自転車に取り付けたソーラーパネルで太陽光発電をしたり，行き帰りはタイヤにつけたプロペラで風力発電をすることもできると思いました。そうすれば1つの自転車でも発電できると思います。

> そう考えた理由
> 自転車などは使われていない時間というのが必ずあるのでその時間を有効に使えたらいいと思いました。また，電動自転車なども自分で使う

エネルギーを自分でつくることができるので，再生可能エネルギーというものを十分に活かせるのではないかと思いました。

■3 「エネルギー変換の技術」と向き合おう
　あなたがこれから「エネルギー変換の技術」と向き合う時に大切にしたいことを書こう。

> エネルギー変換があることによって私たちの暮らしが豊かになっていると思うのでそれを守り続けるために，製品の選び方を変えたり，より環境によい物を選ぶことが必要だと思いました。
> また，私たちも常に広い視野でものを見たり考えたりすることがより良い暮らしとエネルギーの技術につながると思いました。

　　　2年　組　番　名前（

この場合，A評価（またはB評価）と判断できる姿は多様です。そのため，A評価と判断するための目安をあらかじめ想定しておくとよいでしょう。図の事例では，技術のよい点や問題点を見極めて向き合っていこうとする姿や，具体的な問題を想定して解決しようとしている姿等をいくつか想定しておきます。

11　長期的な変容による態度評価

(3)社会の発展と技術の学習は，話し合い活動に十分な時間を割くことが大切です。そのため，最後の意思表示や態度表明について，授業内で扱うことが難しいことも考えられます。そこで，題材全体を通して醸成された「主体的に学習に取り組む態度」の**長期的な変容**を把握して評価する方法も考えられます。

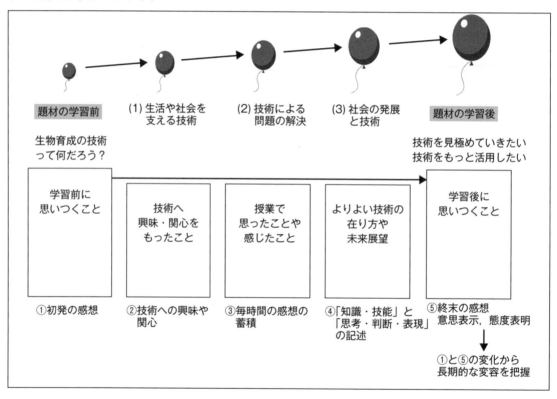

題材全体を通して「主体的に学習に取り組む態度」が醸成されるイメージ

　上の図の例では，題材の学習を始める前に，**①初発の感想**ワークシートを使って「生物育成の技術と聞いて，今思いつくことを書こう」と問いかけ，その時点で生徒が思っていることや感じていることを表現させます。その後，題材の学習を通して生徒の態度が少しずつ醸成されていきます。学習の過程では，②技術への興味や関心，③毎時間の感想の蓄積，④社会の発展と技術における「知識・技能」と「思考・判断・表現」の記述を残していきます。題材の学習

を終える際に，①〜④を見ながら，⑤終末の感想ワークシートを使って「生物育成の技術と聞いて，今思いつくことを書こう」と問いかけます。①と⑤を同じ問いかけにすることで，生徒の態度の長期的な変容を見つけやすくなります。その変容は，①と⑤の記述を比較して「量の変化」「質の変化」「情意の変化」の３つを読み取ることで，容易に評価できます（実例15を参照）。

12　具体的な姿の例

「主体的に学習に取り組む態度」が醸成された様子は，生徒の内面から表出させて把握する必要があります。そのため，ワークシート等で文章を記述させることが多くなりがちです。生徒の言葉で表現させる場合は，１つの評価規準に対して，目標を実現した姿が多様になります。そこで，それぞれの題材の終末でどのようなことを語れるようになってほしいか，どんな見方・考え方を働かせて考えられるようになってほしいかを，あらかじめ想定して評価規準に含めておきます。その上で，(3)社会の発展と技術の学習では，次の２つの視点から記述の典型例を用意しておくことで，指導と評価の一体化がスムーズにできます。

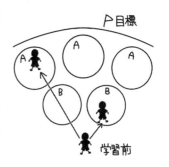

　①生活や社会の問題の解決に注目しているか
　②技術活用の具体性や，技術活用の意思・決意があるか

①の視点を読み取れる記述の例
・私はエネルギー変換の技術を開発するのは難しいけれど，地域で省エネルギーに取り組むのは大切なことだと思った。

②の視点を読み取れる記述の例
・大きな発電所に頼らず，地域ごとに小さな発電所を作ったり，電気エネルギーを使わない機械を開発したりするとよいと思う。

①と②の両方の視点を読み取れる記述の例
・今，世界中でエネルギーの問題がニュースになっている。授業ではセンサを利用して自動スイッチを作れることがわかったし，電気を使わなくても機械を工夫すればいいことがわかった。だから自分は，世界のエネルギーの問題を解決できるように，小型の装置に自分で発電する機構をつけたり，自動で省エネする回路を開発したりして，困っている地域に持っていきたいと思ったし，自分でもそういう装置を開発してみたい。

　生徒の中には，"言葉"で表現することが苦手だったり，文章で書くことが困難だったりする子もいます。こうした生徒には，想定した文章の典型例を示して「こんなふうに書いてみよう」と支援する方法が有効です。また，自己評価の記号（◎，○，△等）とその理由を併記さ

せることで，自分の気持ちを表現しやすくなります。さらにワークシートの作り方を工夫することで，紙面上に手書きで書くか，１人１台端末を利用してテキスト入力するかを，生徒に選択させるのも有効な支援です。観点「主体的に学習に取り組む態度」の評価方法を工夫することは，個別最適な学びを実現していく近道になる可能性を秘めています。

13　３年間のまとめにおける態度評価

　これまで見てきたように，生徒の内面にある「主体的に学習に取り組む態度」は３つの側面（粘り強く取り組もうとする態度，自己調整しようとする態度，技術を工夫し創造しようとする態度）から指導と評価を積み重ねて，３年間という長い時間をかけて育ちます。そのため３年間の最終回の授業で，技術分野の分野目標にどれだけ近づけたのかを評価すると，生徒の成長を感じることができると同時に，授業者自身の授業を評価することにもつながります。

　３年間のまとめ（最終回の授業）は，次のような展開にしていました。

導入　：３年間の学習を思い出します（教科書やファイルなどをさらっと見直す）。
展開１：入学時に書いた感想を配り（ここで「懐かしい！」という歓声が上がります），
　　　　卒業時の今の感想を書きます（15〜20分程度）。※実例15を参照
　　　　書き終わったら，入学時の感想と，卒業時の（今書いた）感想を比較させて，自身の成長を実感させます。
展開２：３年間の復習クイズを解く。皆で楽しく，思い出しながら，「卒業してからもこれだけは覚えておいてほしいこと」を確かめます。
まとめ：最後は授業者として，３年間でこんなことを心がけて授業をしていたということや，技術に対する思い，生徒たちへの願いを伝えて終わります。

　卒業時の感想に，生徒たちは次のような思いを書いてくれるようになりました。
　○自分の身の回りにあるものは，ほとんど技術が使われているということを知って，自分から「これはこんな技術が使われているんだ」と興味をもつようになりました。

○電気回路やプログラムを自分で実際に作ってみたことで，普段自分が使っているものや，身の回りで動いているものがどのような仕組みなのかがわかり，おもしろかったです。

○入学してすぐの頃は，「技術」がどこにでもあるとは思わなかったし，「技術」というのは，学校の授業でしかやらないと思っていました。だけど3年間学んでみて，「技術」は私たちの「生活」において必要不可欠なんだなと思いました。

○3年間の技術の授業を通して，自分の身の回りは，思っている以上に「技術」であふれていると知った。一般の人が使いやすいように技術は作られているけれど，自分が作るとなると本当に難しかった。とても難しいけど，自分で考えたものやプログラムが完成すると達成感を味わえたので，新しい技術の開発を仕事にしている人は，もっと大きな達成感を味わっているんだろうなと思った。

○（先生がいつも言っているように）数学や英語よりも難しかったけれど，とても楽しく授業を受けられた。

○1年生のときは「技術」について，自分ができること全てが技術だと思っていて「技能」と混じっている部分があった気がするけれど，3年間学習してきた今は「技術」について聞かれたら機械系が思い浮かんでくる思考に変わっています。

○1つのことでも，見方を変えて技術をうまく取り入れれば，より暮らしやすい豊かな生活やものを作れるとわかりました。技術を正しく使えば，問題を解決するだけでなく，その問題に関わる人や環境をよりよく，発展したものに変えることもできると思います。

○技術の授業を受けてから，家でも父と一緒にDIYをするようになりました。今では椅子や棚を作って，自分の部屋をアレンジしています。技術があれば，自分の思うように材料を加工できたりするのが，技術のおもしろいところだと思いました。

○電気回路を作ったときには，プロのすごさを実感しました。高校（工業高校）に入ったら電気科に入ろうと思うので，プロに負けないように自分を磨きたいです。

○私は，技術の授業でやったプログラミングがおもしろくて，プログラミングを学べる専門高校へ行きたいと思うようになりました。

　こうした感想を読んでいると，3年間を通じて生徒たちが自分なりに「技術」の見方・考え方を変化させてきた様子や，技術の概念が変化した様子，ものを見る視点に技術的な広がりや深まりが出てきた様子を読み取れて，とてもうれしくなります。そして何より，真に技術を好きになったという思いや，自分でやってみたい，専門高校に行きたい，さらに技術を学んで社会に貢献したいといった「態度が育った姿」を見つけたとき，生徒たちと一緒に授業をつくってきたことへの喜びと感謝があふれてきます。3年間の最後に態度を評価することを通して，私たち自身が技術の授業をもっと好きになり，授業を改善するポイントを見つけやすくなるはずです。

（尾﨑　誠）

第 2 章

具体的な実例でよくわかる
「主体的に学習に取り組む態度」
の学習評価

1 技術分野ガイダンス

1 評価のポイント

　技術分野のガイダンスでは，小学校での学習内容をふり返り，中学校の技術分野の学習との関わりを見つけさせます。これによって，小学校での学習が技術分野の学習と大きく関わっていること等に気づかせて，興味・関心をもたせます。

　ただし，技術分野の学習では，ものづくりをするだけでなく，環境面，社会面，経済面等の技術の見方・考え方を働かせていくことが大切になるということも知らせて，今後の学習で技術の見方・考え方を意識できるように促します。そのため，ガイダンスの学習では，身近な技術や，中学校での学習に興味・関心をもち始めた様子や，技術の見方・考え方を意識しようとする様子を評価していきます。

2 事例（題材）の概要

❶指導学年・指導内容
　第1学年
　題材名「身の回りの技術を見つけよう」

❷この事例に該当する「題材の評価規準」
　[主体的に学習に取り組む態度] 中学校の技術分野での学習内容について知り，今後の学習への見通しをもつとともに，身近な技術へ興味・関心をもち，技術の見方・考え方を意識しながら，主体的に学習に取り組もうとしている。

3　指導と評価の計画（全3時間）

指導事項	時	主な学習活動	主な評価方法
A	1	・小学校での活動をふり返り，中学校の技術分野でどんな学習をするのかについて知る。 ・身の回りにある技術を見つけて，興味・関心をもつ。	ワークシート（態）
	2	・身の回りにある技術の歴史や技術の役割を知り，技術の見方・考え方があることに気づく。	
	3	・様々な技術の中から1つの技術を選び，その技術の特徴について調べてまとめる。	ワークシート（態）

4　指導と評価の事例

◆評価の事例1　A⑴　技術を見つけよう！

　この学習活動は，中学校に入学して初めての技術分野の授業です。教科担任が自己紹介したり，この教科で学ぶことや小学校とのつながり，授業の約束ごとなどを説明する教科のガイダンス的な内容を含んでいます。ここでは，生徒が「技術」という単語をあまり意識して使ったことがないという話から，身近な技術への興味・関心を高める学習活動に取り組みます。そして，技術への興味・関心が芽生えた様子を，ワークシートの記述から評価します。

◆本時の評価規準
○学習の見通しをもち，身の回りで利用されている技術に興味・関心をもつ（態）

◆本時の展開例（1時間目）

展開	主な学習活動	■評価（観点）と◇留意事項
導入 15分	・技術分野のねらい，学習の見通しをもつ。 ・授業の約束事を確かめる。	
展開 30分	・教科書のイラストを見て，そこで利用されている技術を見つける。 ・身の回りにある技術を見つけ，クラス全体で共有する。	◇生徒の気づきを大切にする。 ◇技術には製品や機械だけでなく，農作物や無形のもの（インターネット，電波等）もあることに気づかせる。 ■ワークシートの記述欄①（態）
まとめ 5分	・技術について興味・関心をもったことを書き表す。	■ワークシートの記述欄②（態）

◆評価資料の具体例

このワークシートでは，身の回りにある技術を思いつくままに列挙させます（記述欄①）。それをクラス全体で共有し，他者が見つけたものは別の色のペンで記入しておきます。こうすることで，自身が見つけたものとの違いを見つけやすくなり，技術への興味・関心を喚起することにつながります。

共有を終えたら「あなたが『技術』について，思ったことや感じたことを書いてみよう」と問いかけます（記述欄②）。学習活動を通じて思ったことや感じたことを素直に記述させることで，技術への興味・関心をもった様子を読み取りやすくなります。

記述から，**こんなことに気づいた，初めて～と思った，もっと知りたい，これからは～したい**といった表現を読み取れたら，A評価と判断します。入学直後なので，ほとんどの生徒がA評価になったとしても，今後の学習へ粘り強く取り組もうとする意欲につながるのでよいと思います。

〈A評価の例〉

こんなにたくさん身の回りにあるのを，この授業を通して**気づきました**。授業を通して，**どうしてこうなったのかな？　あ，これも技術？と思うときがたくさんありました**。これから自分で作ったり考えたりしていく中で，これを作ったら便利だなと**思いながらやっていきたいと思っています**。	学習を通して，生徒が技術への興味・関心を高めた様子や，次の学習への意欲がわいてきた様子を読み取れるので，A評価とした。

〈B評価の例〉

今日私は，たくさんの技術があることを知った。自分の家にはたくさん技術があることがわかった。	学習を通して，新たなことを知った・わかったという記述が多いため，生徒の興味・関心が高まった様子を明確に読み取れないことから，B評価とした。

学習日（ 4 月 18 日）

技術分野の学習をはじめよう！

授業のやくそくを確かめよう

■「オリエンテーション資料」を読んで，授業のやくそくを確かめよう。
■教科書P2～3を読み，安全に作業するポイントをたしかめよう。

生活や社会にある技術を見てみよう

■教科書P6～13にある「技術」を見てみよう。

■〈宿題〉あなたの身のまわりにある「技術」を見つけよう。ひとり10個以上　　①

ふせん	テレビ	イス	机	ピアノ
たな	ドア(家)	窓	カーテン	電気(ライト)
メガネ	服	ボール	えんぴつ	スマホ
とけい	プリンタ	プロジェクションマッピング	ホットカーペット	床だんぼう
CG	VR	AR	GPS	えき品

その他には…
4K・有機EL・ナビ・人工衛星・紙おむつ・ファスナー・自動車
ハイブリッド自動車(HV)・電機自動車(EV)・PHV・ジェットコースター
折りたたみベット・冷蔵庫・AI・シャーペン・信号・LED・電球
トイレ・センサー・手すり・ランドセル・水道・パソコン などなど

■あなたが「技術」について，思ったことや感じたことを書いてみよう。　　②

こんなたくさんの身の回りにあるの、この授業を通して気づきました。授業を通してどうしてこうなったのかな？これも技術？となる時がたくさんありました。これから自分で作ったり考えたりしていくなかでこれを作ったら便利だな！と思いながら、やっていきたいと思ってます。

◆評価の事例2 A(1) 身の回りの技術を見方・考え方を働かせて調べてまとめる

　この学習活動は，技術分野のガイダンスにおける最後の時間です。ここまでに技術の歴史やプラス面・マイナス面，見方・考え方について学んできたため，技術を様々な視点から見つめることが大切になることを意識し始めています。そこで，班員で分担し，身の回りの技術から1つを選び，技術の見方・考え方を働かせながら，選んだ技術の特徴を調べてまとめます。調べた内容を班の中で発表し合い，技術の見方・考え方を大切にする意識を高めていきます。意識が高まったかどうかを，ワークシートの記述から評価していきます。

◆本時の評価規準

○身の回りの技術の特徴について，技術の見方・考え方を意識して調べ，まとめようとしている（態）

◆本時の展開例（3時間目）

展開	主な学習活動	■評価（観点）と◇留意事項
導入 5分	・前時までの学習内容を思い出す。 ※技術の歴史，プラス面・マイナス面，見方・考え方等	◇ここまでの学習をふり返り，今日の内容につながるようにする。
展開1 30分	・班員で分担して，興味・関心をもった技術を選び，その技術の特徴を環境面，社会面，経済面から見つめて調べ，まとめる。	◇技術を選ぶ際に，電気自動車，植物工場，リニアモーターカー，3Dプリンタ，AI等を例示する。 ◇調べるときには，技術の見方・考え方を意識するように助言する。
展開2 10分	・調べた技術の特徴を，班の中で発表する。	◇発表を聞くときも技術の見方・考え方を働かせるよう意識させ，自分が調べたことの他にある視点にも気づかせる。
まとめ 5分	・技術について考えるときに大切なことをまとめる。	◇これから技術の見方・考え方を働かせていくことの大切さを意識させる。 ■ふり返りシート（態）

　技術の見方・考え方は，今後の技術分野の授業においてとても重要な視点になってきます。そこで，今回の授業では生徒が個人で考えられるようにしたいと考えて，一人ひとりが技術の見方・考え方を働かせる場面を設定し，その意識を高めようとしています。

　調べる技術については，身近で聞いたことがある技術を5つ例示して，その中から選ばせます。この際に，班で発表することも考慮して，班員同士がそれぞれ異なる技術を選ぶようにします。技術の特徴を調べてまとめるときには，技術の見方・考え方についてしっかりと意識をもつよう声をかけていきます。また，まとめる項目は環境面，社会面，経済面の記入欄に分けて，生徒が技術の見方・考え方を意識しやすいように工夫しています。

班で発表するときには，発表後に「○○も環境面に当てはまるんじゃないかな」等，発表者が気づかなかった見方・考え方に気づいたことがあれば互いに伝え合い，理解を深めさせます。

◆評価資料の具体例

このワークシートでは，1年生の最初であることから，環境面，社会面，経済面の視点から調べられるように記入欄を分けています。そのため，3つの欄に特徴が記入できているかどうか（知識・理解の面）と，それを通して技術の見方・考え方に対する意識が高まったかどうか（態度の面）とを組み合わせて，観点「主体的に学習に取り組む態度」を評価しています。

身の回りの技術の見方・考え方について調べてまとめよう　1年　組　番　名前		
私が選んだ技術は，（　　　　　　　　）です。その技術の特徴は…		
環境面	社会面	経済面

＜発表を終えて＞
これからあなたが技術を見つめるときに大切にしたいことを書きましょう。

ワークシートの例

〈A評価の例〉

電気自動車について 　環境面…排気ガスや二酸化炭素を出さないので 　　　　　環境に優しい。 　社会面…スーパーの駐車場でも充電できるので， 　　　　　移動が便利になる。 　経済面…まだ価格が高い。 　　みんなの意見を聞いて，技術にはよいことも 　よくないこともあると気がついた。だから私は， 　よいところとよくないところを両方見ていくよ 　うにしたい。	自分が選んだ技術について，環境面，社会面，経済面の3つの側面から特徴をまとめることができている。また，発表会などを受けて，技術の見方や考え方を働かせていくよう意識したいという気持ちを読み取れる。以上の2点を満たすことから，A評価とした。

〈B評価の例〉

電気自動車について 　経済面…初期費用が高いため，大量導入に向け 　　　　　ては難しい部分もある。 　環境面…二酸化炭素の排出は少ないため，環境 　　　　　破壊を止めるために役立つ可能性が高 　　　　　い。 　社会面…記入なし 　　これから技術を見つめるときには，その技術 　が役に立つかどうかを考えていきたい。	経済面，環境面の側面から特徴をまとめることができている。社会面の側面からはまとめることができていない。また，技術の見方・考え方を意識しようとする様子を読み取れない。そのため，B評価とした。

　ガイダンスでは，いかに中学校の技術分野の学習に興味・関心をもってもらえるかが重要であると感じます。ただし，興味・関心をもたせるだけでなく，技術の見方・考え方等の視点も大切になることをしっかりと意識させることが，今後の学習で粘り強く自己調整しようとする姿勢につながると期待できます。

（菊池　貴大・尾﨑　誠）

1　評価のポイント

　A(1)では，身の回りの生活や社会で利用されている材料と加工の技術について，仕組みや原理・法則，開発の経緯や込められた工夫等を調べる活動を通して，材料と加工の技術の見方・考え方に気づかせ，技術と関わり，知識や技能を身につけようとする態度を育成します。

　この事例では，材料の特徴を整理し，材料がどのように製品に使われているかについて，原理・法則，設計者の工夫等をグループで調べ，発表する活動を行います。活動を通して，思ったことや感じたことの記述内容から材料と加工の技術の見方・考え方に気づき，材料と加工の技術に対する興味・関心の実現状況を「主体的に学習に取り組む態度」として評価しています。

2　事例（題材）の概要

❶指導学年・指導内容
　第１学年
　題材名「材料を生かして生活をアップデート！」

❷この事例に該当する「題材の評価規準」
　[知識・技能]　生活や社会で利用されている材料と加工の技術についての科学的な原理・法則や基礎的な技術の仕組み及び，材料と加工の技術と安全な生活や地域社会，環境との関わりについて理解しているとともに，製作に必要な図をかき，安全・適切な製作や検査・点検等ができる技能を身につけている。

　[思考・判断・表現]　生活や社会の中から材料と加工の技術に関わる問題を見いだして課題を設定し，解決策を構想し，実践を評価・改善し，表現するなどして，課題を解決する力を身につけているとともに，よりよい生活の実現や持続可能な地域社会の構築に向けて材料と加工の技術を評価し，適切に選択，管理・運用する力を身につけている。

　[主体的に学習に取り組む態度]　よりよい生活の実現や持続可能な地域社会の構築に向けて，課題の解決に主体的に取り組んだり，ふり返って改善したりして，材料と加工の技術を工夫し創造しようとしている。

3　指導と評価の計画（全24時間）

指導事項	時	主な学習活動	主な評価方法
A(1)	1〜2	・身近な生活や社会で利用されている材料の種類や利用例を知る。 ・材料に応じた加工法があることを理解する。	
	3〜6	・生活や社会を支える材料の種類や特徴，背景にある科学的な原理・法則，材料の利用例や問題解決に生かす工夫を，グループで調べて発表する。 ・調べる活動や発表を通して，材料と加工の技術に対する興味・関心や意欲を表現する。	特徴・工夫調べワークシート（知・思・態）
A(2)	7〜23	・生徒の身近な問題を解決するために，課題を設定して製作品を設計・製作する。	
		・製作品を試用した実感に基づいて問題解決の達成度を評価し，次への改良案をレポートにまとめる。	
A(3)	24	・よりよい生活の実現や持続可能な地域社会の構築に向けて，材料と加工の技術を適切に評価し，よりよい活用法や新しい技術開発について，自分なりの考えをまとめる。	

4　指導と評価の事例

◆評価の事例

　この学習活動では，教科書で紹介されている主要な材料（木材，金属，プラスチック，新しい材料）について，基礎的な知識（材料の種類や特徴等）を理解させるために，グループ毎に分担して各材料の特徴や利用例等を調べます。調べた結果を発表し合い，様々な材料の特徴や利用例を比較して，材料の技術や加工の技術について興味・関心をもった様子や，材料と加工の技術の見方・考え方に気づいた様子を評価します。

◆本時の評価規準

○材料や加工の特性等の原理・法則と，材料の製造・加工方法等の基礎的な技術の仕組みについて理解している（知・技）

○材料と加工の技術に込められた問題解決の工夫について考え，材料と加工の技術の見方・考え方に気づくことができる（思）

○主体的に材料と加工の技術について考え，理解しようとしている（態）

◆本時の展開例（6時間目）

展開	主な学習活動	■評価（観点）と◇留意事項
導入 5分	・前時の学習活動の確認をする。（ワークシートの■3，■4左側）	◇金属，プラスチック，新素材について，調べたことの発表であることを確かめさせる。
展開 35分	・各グループが調べた結果を発表して共有する。（ワークシートの■4右側）	◇それぞれの材料の利用例と，その材料を利用している理由に重点を置いて発表させる。 ◇他班の発表を聞いて，気づいたこと等をワークシートにメモさせる。 ◇材料の特徴や，材料に応じた加工法が用いられていること（＝技術の見方・考え方）に気づかせるよう補足する。
まとめ 10分	・発表を聞き，材料と加工の技術について思ったことや感じたことを表現する。（ワークシートの■5）	◇思ったことを素直に言葉にするよう促す。 ■ワークシートの■5（態）

　前時では，教科書にある材料の種類や特徴（ワークシートの■3）を知り，金属，プラスチック，新しい材料をそれぞれ2種類ずつ，計6種類をグループに割り当て，分担して材料の利用例や，その背景にある理由（材料の特徴や加工法等）を調べています。本時は，その結果を発表させていますが，1人1台端末を利用して生徒一人ひとりが調べたことを統合し，グループとしての発表へ整理するよう工夫しています。このようにすることで，生徒全員が活動に参加しやすくなり，「主体的に学習に取り組む態度」を育む機会を増やすことができます。

◆評価資料の具体例

　ワークシートは，■3は知識を習得する学習に，■4は理解を深め思考・判断・表現を育てる学習に，■5は学習を通してふくらんだ気持ちを表現する学習に，それぞれ位置づけています。

　■4では，「なぜ？」「どうして？」と問いかけ，■3と■4の学習を通して生徒一人ひとりの内面に材料の技術や加工の技術に対する興味・関心をふくらませる（主体的に学習に取り組む態度を育てる）ことができるように意識しています。

　■5では，生徒の「主体的に学習に取り組む態度」を評価しやすくするために，「材料の特徴や利用例を調べて，思ったことや感じたことを書こう」と問いかけています。単に「感想を書こう」とするよりも，気持ちを具体的に表現させられるようになり，評価しやすくなります。

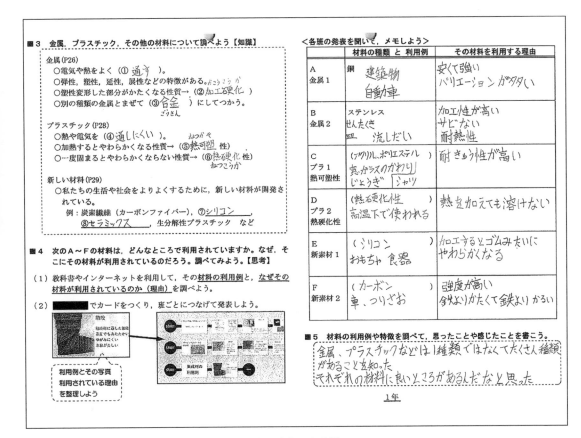

ワークシートの例

◆評価の実際例

　ここでは，ワークシートの■5の記入内容から，生徒の「主体的に学習に取り組む態度」の実現状況を把握して，Ａ・Ｂ・Ｃを判断しています。本時の評価規準は「主体的に材料と加工の技術について考え，理解しようとしている」なので，Ｂ評価の姿としては，「（こんなことを）思った」「（こんなことを）感じた」のように**発表を聞いて生じた気持ち**や，**他の材料と比較して気づいたこと**を読み取れ，材料の技術や加工の技術について少しでも興味・関心をもった様子が見られるか，といった姿が想定されます。Ａ評価の姿としては，さらに「なぜだろうと思った」「どうしてなのか（理由を）考えてみたい」のように**利用例や理由を考えようとしているか，または「もっと調べてみたい」のように理解を深めようとする意欲**が見られるか，**自身のものづくりで意識したいこと**を読み取れるか，それらがワークシートの■4の記述と連動しているか，といった姿が想定されます。

〈A評価の例①〉

> それぞれの利用例に合わせた、利用する理由があることが分かった。そして今は人間の事だけでなく環境に易しい素材が作られていることを知り、これからは人間のことだけで何かを作ったりするのはちがうと思った。

それぞれの利用例に合わせた，利用する理由があることがわかった。そして今は人間のことだけでなく，①環境に優しい素材が作られていることを知り，②これからは人間のことだけで何かを作ったりするのは違うと思った。	①では，発表会を通して，新しい材料が作られている背景を知って興味・関心をもった様子を読み取れる。 ②では，技術の見方・考え方に気づいた様子を読み取れる。 そのため，A評価とした。

〈A評価の例②〉

> シリコンは熱を加えることによってとけるのになぜ台所や調理器具に使われるのだろうと思った。特徴をいかして物を作ろうと思った。

シリコンは熱を加えることによって溶けるのに，①なぜ台所や調理器具に使われるのだろうと思った。②特徴を生かしてものを作ろうと思った。	①では，材料の特徴や原理・法則に関する知識を得たことで生じた新たな疑問を読み取れる。 ②では，そうした疑問等を受けて，今回の学習を自身のものづくりに生かそうとする様子を読み取れる。 そのため，A評価とした。

〈B評価の例①〉

> それぞれの材料は、何に強いのか分かり、その理由から利用されている物も違ってくる人だなと思った。Dは、一度かためたら熱を加えてもとけなかったり、Bでは、さびに強かったりして、A〜Fの特徴を理解しました。

それぞれの材料は，何に強いのかがわかり，その理由から利用されているものも違ってくるんだなと思った。D（熱硬化性プラスチック）は，一度固めたら熱を加えても溶けなかったり，B（ステンレス）では，さびに強かったりして，A〜F（今回調べた6種類）の特徴を理解しました。	太字からは，調べたことや他班の発表を聞いて，材料の特徴によって利用例が異なることに気づいた様子がうかがえる。 しかし，授業を思い出して感想を書いただけで，主体的に理解を深めようとする様子を読み取れないためB評価とした。

〈B評価の例②〉

> ・私たちの身のまわりには、こんなにも種類の材料でいろんなものがつくられているんだなと感じ、それぞれの材料には、その材料1つ1つにいろんなとくちょうがあるんだなと思った。

私たちの身の回りには，**こんなに多くの種類の材料でいろいろなものが作られているんだなと感じ**，それぞれの材料には，その材料1つ1つにいろいろな特徴があるんだなと思った。	材料には多くの種類があることに興味・関心をもった様子を読み取れる。 しかしその理由や，さらに調べてみたいという意欲を読み取れないため，B評価とした。

　A(1)の内容は，基本的な知識を多く扱うため，ベテランの先生ほど教科書にある知識等を一方的に教えてしまいがちです。しかし，教科書に載っていることの説明よりも，そこから発展して視野を学校の外（身近な生活や地域社会等）へ広げて，生徒自身が調べて考える活動（主体的に理解を深めようとする活動）を採り入れることで，知識が広がることによる興味・関心（知的好奇心）を喚起したり，理由を考えることによる技術の見方・考え方への気づきを促したりする結果につながります。その結果，理解の深まりと「主体的に学習に取り組む態度」の育ちとを共に実現することにつながり，記述から実現状況を把握しやすくなるはずです。

（尾﨑　誠）

3 内容A 材料と加工

1 評価のポイント

　A(2)では，身の回りの生活や社会の中から，生徒が材料と加工の技術で解決できる問題を発見し，課題解決に主体的に取り組もうとする態度を育成します。また，自らの問題解決とその過程をふり返り，改善・修正しようとする態度を育成します。

　この事例では，生徒が解決策の構想や問題解決のふり返りに主体的に取り組めるよう，題材や指導方法を工夫しています。また，ルーブリックを示す等，評価を可視化する工夫をし，ワークシートやふり返りシートの記述の変化を基に評価します。

2 事例（題材）の概要

❶指導学年・指導内容

　第1学年

　題材名「あなたの生活を改善する家具の開発」

❷この事例に該当する「題材の評価規準」

　[知識・技能]　生活や社会で利用されている材料と加工の技術についての科学的な原理・法則や基礎的な技術の仕組み及び，材料と加工の技術と生活や社会，環境との関わりについて理解しているとともに，製作に必要な図をかき，安全・適切な製作や検査・点検等ができる技能を身につけている。

　[思考・判断・表現]　生活や社会の中から材料と加工の技術に関わる問題を見いだして課題を設定し，解決策を構想し，実践を評価・改善し，表現するなどして，課題を解決する力を身につけているとともに，材料と加工の技術を評価し，適切な選択と管理・運用，改良，応用する力を身につけている。

　[主体的に学習に取り組む態度]　よりよい生活の実現や持続可能な社会の構築に向けて，課題の解決に主体的に取り組んだり，ふり返って改善したり，材料と加工の技術を工夫し創造しようとしたりしている。

3　指導と評価の計画（全25時間）

　生徒が設定した課題を基に，使用目的や使用条件，制約条件を踏まえて製作品を構想します。
試作品の製作やグループでの対話を通して，製作過程を改善・修正していきます。

指導事項	時	主な学習活動	主な評価方法
A(1)	1〜7	・材料と加工の技術について，調べる活動や小物の製作を通して，基礎的な知識・技能を身につける。	
A(2)ア	8〜12	【10年使えるロッカー棚の製作】 ☆「強度」と「安全性」を高めるという課題の下，指定されたロッカー棚の製作を通して，以下の知識・技能を身につけさせることを目的としている。 ・等角図を用いて，製作に必要な図をかくことができるようにする。 ・設定した課題を解決するために，工具や機器を使用して，正確かつ安全・適切に材料取り，部品加工，組立て・接合，仕上げや，検査等ができるようにする。 ・作業工程表を用いるなど，作業計画に基づいた能率的な作業ができるようにする。	
A(2)イ	13〜23	【あなたの生活を改善する家具の開発】 ☆身近な生活の問題を解決できる家具を製作する。 ・KJ法を用いて，生活の問題を見つめる。 ・制約条件を踏まえて，使用目的や使用条件を決める。 ・製作品の構想を立て等角図に表す。 ・試作を製作し，解決策の改善・修正や具体化をする。 ・10年先まで見据えたユーザーストーリーを作成する。 ・製作品の構想図や材料取り図を清書する。 ・チーム学習による製作活動を行う。 ・問題解決の過程のふり返りと改善・修正を行う。	ワークシート（知・思・態） 交流記録（思） ヒアリング内容（思） 製作品（知・思・態）
A(3)	24〜25	・材料と加工の技術のよりよい在り方や未来展望について話し合い，自分なりの思いをまとめる。	

KJ法による問題発見の例

試作品

作品例

4　指導と評価の事例

　指導に際しては，どのような姿（態度）を目指して学習に臨んでほしいかを，授業者が生徒に対して事前にわかりやすく示しておくことがとても大切です。目標とする姿が明確になれば，生徒の自己評価を通して自己調整が促され，態度の変容につながります。態度の長期的な成長が見えてくれば，「主体的に学習に取り組む態度」を評価しやすくなります。

◆評価の事例

　この学習活動では，生徒同士が協働して問題を解決する活動や生徒自身が学習をプログラムする活動を充実させることで主体的に学習に取り組む態度を育てます。

◆本時の展開例（17時間目）

展開	主な学習活動	■評価（観点）と◇留意事項
導入 5分	・これまでの学習内容を確認する。 【問い】自己のユーザーストーリーの達成率は何％だろうか。 ・課題の解決状況について，全体で交流し，技術の見方・考え方を働かせながら多面的・多角的に問題を捉えてきたことを想起させる。 【学習課題】チーム全員がユーザーストーリーの達成率を高められるように，メンバーと設計や製作の過程に対する改善点及び修正点について話し合おう。	◇想定している利用者や使用目的の違いにより「課題」が異なることに気づかせる。 ◇チームで協働して課題解決することを再確認する。
	【主発問】完成した製作品は，設定した課題や使用目的を達成できるだろうか。 ・チーム毎に，各自の学習課題を発表させる。	◇完成した製作品が設定した課題や使用目的を解決できるかを評価するとともに，設計や製作の過程に対する改善及び修正について考えることができている。

展開 35分	・チーム毎に，ミーティングの開始時間を設定させる。 ・製作活動を開始させる。 ・机間指導により製作の支援を行う。 【指導の視点】 ・生徒が安全に活動できている。 ・修正が困難な失敗をさせない。 ・作業が遅れがちな生徒の支援。 ・全体のタイムマネジメント。	■グループ交流の様子（思） ◇ミーティングの内容は，進行状況や問題点の発見，よりよい作品づくりへの改善・修正など。発言内容は，事前に割り当てられた役割分担に基づく内容を発表できるとよい。
まとめ 10分	・ワークシートを用いて，本時の学習の成果を自己評価させる。 ・チームで課題に取り組むことで得られた成果について考えさせる。 ・数名の生徒を指名し，開発の成果を全体で共有する。 ・次時の学習内容を説明する。	◇本時をふり返るための視点 　1　よりよい作品にするために取り組んだこと 　2　予想と違ったことと改善点 　3　チーム内の関わりと作品の質の向上 ■ワークシートの態①（態）

　材料と加工の技術による問題解決の学習では，まず初めに「学習をふり返るための視点」を生徒に示しています。これは，生徒がこの視点を基に学習を評価するだけではなく，この視点に近づくために生徒自身が学習を調整することをねらいとしているからです。そして，育てたい態度を明確にすることで，実現状況の把握がより的確になると感じています。

視点1　よりよい作品にするために取り組んだこと	⇒新しい視点からの改良，自己調整
視点2　予想と違ったことと改善点	⇒ギャップに臨む態度，粘り強さ
視点3　チーム内の関わりと作品の質の向上	⇒協力・協働して課題解決に臨む姿勢

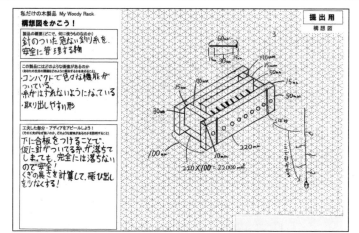

生徒が製作品の構想段階で使用したワークシートや交流シート

◆評価資料の具体例

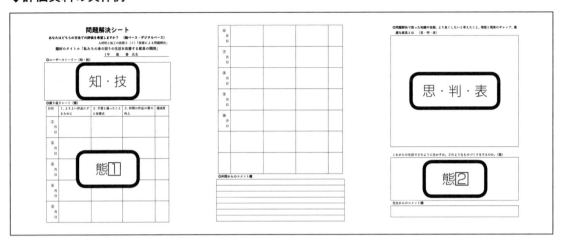

ふり返りシート

◆評価の実際例

　ここでは，ふり返りシートに毎時間記入している内容の変化から，「主体的に学習に取り組む態度」の成長を評価しています。ふり返りシートの項目は，先ほどの視点１〜３に基づいて設定しています。その記述の内容から，粘り強く自己調整しようとする様子や，よりよい学習成果を出そうとする姿勢を読み取って評価します。

　生徒の自己評価だけでなく，授業中の行動観察や製作品等も組み合わせて評価します。

〈C評価の目安〉	〈B評価の目安〉	〈A評価の目安〉
B評価の目安に該当しない場合。	・継続的に，よりよい改善策を考えようとしている。 ・問題解決の取組をふり返って，改善・修正しようとしている。 ・仲間との関わりを通して継続的に学習の質を高めようとしている。 以上のうち複数に該当すれば「B評価」	B評価の目安に加えて，以下のような自分なりの考えによる具体的な記述が見られるもの。 ①新たな視点から問題を見つめる。 ②作品の価値を見直す，または高める。 ③効果的な改善策を具体的に提案。 ④過去の学習と関連付けて考える。

　評価の際のポイントは，「１　生徒が授業の実施時期に合った反省をできているか。学習後半で初歩的な反省は生徒の調整不足」「２　態度評価は経過を見ることも大切。後半で力が伸びていけば，評価も上がるのではないか」です。

〈A評価の例〉※ワークシートの態[1]の欄

時	よりよい作品にするために 取り組んだこと（視点1）	予想と違ったことと 改善点（視点2）	チーム内の関わりと 作品の質の向上（視点3）
13	実際に使う場合の大きさを考えて家具のイメージがもてた。	**300mmの板材を実際に見たらとても小さく，本棚の段数を再検討した。**	交流できなかった。
14	**何に使うのかを考えて，それに合った大きさにすることを意識した。**	縦引きと横引きの回数が少なく，材料を思ったよりも有効に使えない。	交流できなかった。
15	**縦引きと横引きの回数を増やすことで，材料の使い方を改善できた。**	構想図だけでは自分の考えや使い方が伝わらなかった。文章を足したい。	他の人の作品と自分の作品を見比べられるようになったのでよかった。
16	今回は，他の人のユーザーストーリーを見て，自分も真似したいことをたくさん見つけた。	現在，ペン立てやロッカー棚をあまり使用していない。その原因を考えて，家具に生かしたい。	**一人ひとり違うユーザーストーリーがあるので，何に注意するのかを考えて工夫する場所等を伝えることができた。**
17	**最初の構想では，フックの部分の強度が弱かったので，構造を改善した。**	板の側面に部品を付けるのは初めてなので，思ったほど強度が出せなかった。	今回は自分のことで頭がいっぱいになり，少ししか仲間と交流できなかった。

　この例では，継続的に具体的な改善策を提案できている等，B評価の目安を満たしています。また，よりよく問題を解決するためにA評価の目安にある②（作品の価値を見直す，または高める）や④（過去の学習と関連付けて考える）の視点からもふり返ることができています。題材の後半（15時間目以降）では，チームのメンバーとも積極的に関わりながら問題解決に取り組むことができるようになりました。そのため，A評価と判断しました。

〈B評価の例〉※ワークシートの態[1]の欄

時	視点1	視点2	視点3
13	自分が欲しいものが何かを考えた。	蝶番を使えば，開け閉めが簡単だと思いました。	気軽に声をかけることを意識的に取り組んだ。
14	使いやすくなるように，寸法を考えて取り組めた。	思ったよりも材料が少ないので最大限に生かしたい。	互いに協力してアイデアを出し合うことができた。
15	立体的に構想図をかいて，考えることができた。	底板を考えるのを忘れていたので改善したい。	なるべく役に立つアドバイスをするように心がけた。
16	ユーザーストーリーを見て，これからの作業を確認した。	自分にとって需要はあるが，10年は使わないかも。	わからないことがあったら互いに聞き合って解決した。
17	寸法を考えながら模型を見直すことができた。	底板の上に側板を置いたので寸法が合わなかった。	なるべく作業を手伝うようにして協力を意識した。

　製作品をよりよくするための改善点や修正点について継続的に考えることができ，チームのメンバーとも積極的に協力して学習に臨めていた様子がうかがえます。一方で，策に具体性がなく，計画性や自己調整に不十分さが感じられるためB評価と判断しました。

（関　健太）

4 内容A 材料と加工

(3)「社会の発展と材料と加工の技術」

1 評価のポイント

　A (3)では，社会の発展のための材料と加工の技術の在り方や将来展望を考える活動を通して，**材料と加工の技術を工夫し創造していこうとする態度**を育てていきます。

　この事例では，**技術を工夫し創造していこうとする態度**を育てるために，新しい材料に注目して技術の見方・考え方に着目した利点と欠点の整理から生徒なりの意見をまとめ，将来に向けた提言をする学習活動を行い，ワークシートの記述を基に評価します。

2 事例（題材）の概要

❶指導学年・指導内容
　第1学年
　題材名「机の上を整理・整頓できるマルチラック！」

❷この事例に該当する「題材の評価規準」
　[知識・技能]　生活や社会で利用されている材料と加工の技術についての科学的な原理・法則や基礎的な技術の仕組み，及び材料と加工の技術と便利な生活との関わりについて理解しているとともに，製作に必要な図をかき，安全・適切な製作や検査・点検等ができる技能を身につけている。

　[思考・判断・表現]　生活の中から材料と加工の技術と安全に関わる問題を見いだして課題を設定し，解決策を構想し，実践を評価・改善し，表現するなどして，課題を解決する力を身につけているとともに，安全な生活や社会の実現を目指して材料と加工の技術を評価し，適切に選択，管理・運用する力を身につけている。

　[主体的に学習に取り組む態度]　便利な生活の実現に向けて，課題の解決に主体的に取り組んだり，ふり返って改善したりして，材料と加工の技術を工夫し創造しようとしている。

3　指導と評価の計画（全26時間）

指導事項	時	主な学習活動	主な評価方法
A(1)	1	・身の回りの製品を観察し，使用されている材料やその加工方法等を調べる。	
	2～4	・木材・金属などの材料の特性に関係する実験・観察を行う。	
	5	・身の回りの製品や社会の中にある丈夫にするための工夫を調べる。	
	6～7	・等角図法及び第三角法による製図を身につける。	
A(2)	8～9	・材料と加工の技術による問題解決の手順を知る。 ・身の回りの問題を見いだして課題を設定する。	
	10～13	・設定した課題に基づき，製作物を設計・計画する。 ・製作品の設計図・工程表を具体化する。	
	14～19	・製作品の材料取りと部品加工を行う。	
	20～25	・製作品の組立て及び仕上げを行う。 ・完成した製作品を相互評価し，解決過程の修正・改善を考える。	
A(3)	26	・これまでの学習内容をふり返る。 ・よりよい生活を実現する材料と加工の技術の在り方について話し合い，自分の考えを発表する。	ワークシート（知・態）

4　指導と評価の事例

◆評価の事例

　この学習活動では(1)生活や社会を支える技術，(2)技術による問題の解決で取り組んだことをふり返った後，社会で利用されている（または利用されようとしている）新しい材料の技術について調べ，ワークシートを使ってその材料の利点と欠点をまとめます。その上で，よりよい生活を実現するための技術の在り方に対する自分なりの考えや思いをワークシートに記入し，それを「主体的に学習に取り組む態度」として評価します。

◆本時の評価規準

○これまでの学習と，材料と加工の技術が安全な生活や社会の実現に果たす役割や影響を踏ま

え，材料と加工の技術の概念を説明できる（知・技）

〇よりよい社会の実現に向けて，材料と加工の技術を工夫し創造しようとしている（思）

〇よりよい生活の実現を目指して，材料と加工の技術を評価し，適切な選択・管理・運用の在り方について提言をまとめている（態）

◆本時の展開例（26時間目）

展開	主な学習活動	■評価（観点）と◇留意事項
導入 5分	・これまでに取り組んできた学習をふり返り，生活や社会で利用されている材料と加工の技術の役割や影響について考える。	◇製作品を見せながら，どのような問題を，どのような材料で，どのように加工して解決しようとしたのかを確認させる。
展開1 25分	・新しい材料の製造方法や利用場面を調べ，材料と加工の技術の見方・考え方を働かせて利点と欠点を書き出す。	◇新しい材料の例としてバイオマス樹脂やエアロゲルなどの実用化された比較的新しい技術を取り上げるとよい。 ■ワークシートの記述欄①（知）
展開2 10分	・新しい材料の実用化に向けた意見を整理する。	◇新しい材料の魅力だけでなく，実用化に向けた具体的な課題を考えさせる。 ■ワークシートの記述欄②（思）
まとめ 10分	・よりよい生活の実現を目指して，材料と加工の技術を評価し，適切な選択・管理・運用の在り方について考えや思いをまとめる。	◇よりよい生活のために様々な材料や加工方法を選択・管理していることに気づかせたい。 ■ワークシートの記述欄③（態）

導入では，製作時に作成した作品レポートを用いて，生徒自身に材料と加工の技術による問題解決学習をふり返らせます。また，授業者が社会における問題解決の流れを教科書や資料を用いて説明して，学習でのものづくりと実際のものづくりの過程がつながっていることに気づかせます。

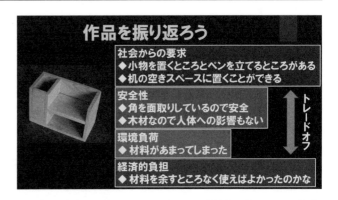

展開1では，環境汚染や資源の枯渇などの問題を解決するための新しい材料に注目させます。例えば，マイクロプラスチックによる健康被害や海洋汚染の問題を取り上げ，バイオマス樹脂によるストローやごみ袋が普及しつつあることを紹介します。植物などに由来するバイオマス樹脂は，自然分解することで健康被害や環境汚染を減らすことができる反面，従来のプラスチックストローと比較し，コストが高く，製造に手間がかかってしまいます。このように，新しい材料に注目させ，利点と欠点を書き出すことで材料と加工の技術の概念を理解させます。

　展開2では，新しい材料を普及させ，実用化するための生徒なりの意見を整理させます。例えば，材料と加工の技術の見方・考え方にある「社会からの要求，生産から使用・廃棄までの安全性，耐久性，機能性，生産効率，環境への負荷，資源の有限性，経済性など」に着目させると「大量生産ができるようにより多くの場面で製品を活用する」や「リユースやリデュースをして資源の無駄遣いを減らす」などの考えが出やすくなります。

　まとめでは，生徒自身の生活に着目させ，材料と加工の技術に対する考えや思いを表現させます。

◆評価資料の具体例

　このワークシートは，授業の展開1，展開2，まとめの接続を意識して枠を作成し，整理した新しい材料の利点と欠点から未来への提言を書かせることを意図しています。

新しい材料	セルロースナノファイバー
材料の生産方法	原料の植物由来繊維から微細な繊維を作る
利用場面	自動車のフレーム
1　利点	「軽い」「強い」，環境に適応している，安全な材料である，大量生産できる
欠点	繊維の長さや太さを管理することが難しい，他の木材に比べて（価格が）高い
2　実用化に向けてのあなたの意見	化石燃料から作られるプラスチックとは違い，植物由来なので，持続可能な材料だが，費用がかかるので安く作れるようにすれば普及できると思う。

　材料と加工の技術の学習をふり返って，あなたが技術について考えたことを書こう。また，「こんなことをできるようにしたい」「こんな問題を解決するべき」「技術をこう活用すべき」というあなたの提言をまとめてみよう。

3　〈評価の実際例に記載〉

材料と加工の技術の評価・活用ワークシート

　この場面では，生徒が技術に関心をもち，特に材料や加工に関する技術について将来に向けた意思を決定しようとする様子を把握して，技術の在り方に対する態度を評価します。

◆評価の実際例

　ここでは観点「主体的に学習に取り組む態度」を表1の判断の目安に照らしてＡ・Ｂ・Ｃを判断しています。評価規準である「よりよい生活の実現を目指して，材料と加工の技術を評価し，適切な選択・管理・運用の在り方について提言をまとめている」ことについて，「こんなことをできるようにしたい」「こんな問題を解決するべき」「技術をこう活用すべき」という提言を評価します。本事例では中学校第１学年を対象としているため，技術の利用者（市民）としての立場，開発者や生産者の立場のどちらかに限定せず提言を評価しています。

判断の目安

十分満足できる（Ａ）	おおむね満足できる（Ｂ）	「努力を要する」状況（Ｃ）の場合の指導の手立て
技術の見方・考え方に着目し，トレードオフを考慮して材料と加工の技術を評価し，よりよい生活のための技術の選択・管理・運用について考えを述べている。	材料と加工の技術の利点と欠点を踏まえて，よりよい生活のための技術の選択・管理・運用について考えを述べている。	製品を作る，買う，使うときに，どのようなことを考えるかふり返らせる。考えたことが，技術を評価し，選択・管理・運用していることに気づかせる。

〈Ａ評価の例①〉

> 何にしてもそうだけで，生活が便利になるにつれて，環境に負荷がすでにかかってきている状況です。物価も上がってきているなかで，僕たちは，多少高価であったとしても未来のために，買おうと思いました。技術では，人のためになることが満ちあふれていると思うので，もっと利用したいと思いました。

　技術の利用者（市民）の立場で生活が便利になる反面，環境に負荷がかかり，物価も上がっているというトレードオフについて述べている。そうした背景で，生徒自身の考えとして高価であったとしても未来のために買うといった意思決定がされている。市民として「よりよい生活」に向けての態度が示されているため，Ａ評価とした。

〈A評価の例②〉

> プラスチックはすごく安いし、軽いけど、ごみの問題があって、はいきすることが難しいという欠点があります。だから、燃えやすい材料とプラスチックとかを混ぜて、捨てやすい材料に変えることができたらいいと思いました。また、もっと技術を発達させて、燃やした後のものを何かに使えるようになったり、もしくは燃やす前にリサイクルできるように物質を混ぜて改良していくことはできないかと考えました。

　技術の開発者の立場で，プラスチック材料に着目し，材料が安価で軽い反面，廃棄が難しいというというトレードオフについて述べている。未来に向けて，「燃えやすい材料とプラスチック材料を混ぜて捨てやすい材料に変えること」などが提言されている。技術の実現性については未知であるが，開発者の立場で将来に向けた前向きな提言が示されているため，A評価とした。

〈B評価の例〉

作りたいものにあった材料を利点や欠点などを調べて使うようにしたい。リサイクルできるものは環境に優しいので，リサイクルできるか考えて材料や買うものを選びたい。環境に優しい材料を作っていくべきだと思う。	利用者（市民）と開発者の両方の立場で，材料のリサイクルや環境に優しい材料の開発について述べられている。材料を調べて使いたいという意思は述べられている。材料と加工の技術に関する具体的な評価に基づいた最適な答えとして見取ることができないためB評価とした。

〈C評価の手立ての例〉

今ある製品も欠点を改善したり，工夫したりすると使いやすい製品になることがわかった。	製品に欠点があることは理解できているように見取ることができる。このような場合には，製品の材料や加工方法に関する利点と欠点を具体的に挙げさせ，具体例を基にどうすれば使いやすくなるのかを考えさせるとよい。

　材料と加工の技術に関する学習を第1学年で行う学校が多いと思います。3年間で社会全体まで視野を広げるためには，第1学年で生活と技術の関わりについて理解を深めることが必要です。木製品などの製作時に身の回りで実際に利用している製品の材料や加工方法について取り上げながら，実生活とのつながりを意識させると態度が身についていきます。

（向田　識弘）

5 内容B　生物育成

1　評価のポイント

　B(1)では，生物育成の技術について調べる活動などを通して，生物育成の技術を工夫し創造しようとする態度を育てていきます。

　この事例では，問題解決に向けて意欲的に取り組もうとする態度を育てるために，世の中で行われている生物育成の技術や問題解決の工夫について調べまとめる学習を行い，レポートの記述内容から評価します。

2　事例（題材）の概要

❶指導学年・指導内容

　第1学年

　題材名「育成環境を調整して冬に野菜を育てよう！」

❷この事例に該当する「題材の評価規準」

　[知識・技能]　作物の特性や生物が成長するときに必要な環境や条件を理解している。作物の状況に応じて管理作業や育成環境の調整を行うことができる。

　[思考・判断・表現]　生物育成に関する問題を見いだし，解決策を構想し，実践を評価・改善し，表現するなどして課題を解決する力を身につけている。

　[主体的に学習に取り組む態度]　よりよい生活の実現や持続可能な社会の構築に向けて，課題の解決に主体的に取り組んだり，ふり返って改善したりして，技術を工夫し創造しようとしている。

3　指導と評価の計画（全15時間）

指導事項	時	主な学習活動	主な評価方法
B(1)	1〜3	・種袋から，発芽条件などの作物の特性や生育に必要な環境について知る。 ・市販されている野菜が，どのような技術を使って栽培され，生産者が問題が起きたときにどのように解決しているのかを映像資料を見て確認する。 ・生活や社会を支える生物育成の技術の例や，問題解決の工夫について工夫調べレポートにまとめる。	ワークシート（知・技） 工夫調べレポート（知・思・態）
B(2)	4〜5	・冬の時期に作物を栽培するときの問題を見いだし，課題を設定して栽培計画を考える。	
	6〜13	・作物の成長に応じて管理作業をし，育成環境を調整する。	
B(3)	14〜15	・生物育成の技術のよりよい在り方や未来展望について話し合い，自分なりの意思をまとめる。	

4　指導と評価の事例

◆評価の事例

　この学習活動では，これまでに学習した生物が成長する仕組みや育成環境を調整する技術が，世の中でどのように活用されて，問題解決されているのかを工夫調べレポートにまとめます。工夫調べレポートを作成した上で，生物育成の技術について思ったことや感じたことを記述させ，そこから興味や関心，意欲が高まった状況を読み取り，態度を評価します。

◆本時の評価規準

○生物が成長するときに必要な環境や条件について説明することができる（知・技）

○生物の育成環境を調節する方法などの基礎的な技術を説明することができる（知・技）

○生物育成の技術に込められた工夫を読み取り，生物育成の技術が最適化されてきたことに気づくことができる（思）

○進んで生物育成の技術と関わり，主体的に理解し，技能を身につけようとしている（態）

◆本時の展開例（3時間目）

展開	主な学習活動	■評価（観点）と◇留意事項
導入 5分	・これまで学習した生物が成長するときに必要な環境の条件や育成環境を調整する方法について復習する。	◇作物の成長に必要な気象や土壌など条件を映像資料などを用いて簡単に確認する。 ◇工夫調べレポートに，つながりやすい事例を用いる。
展開1 25分	・本時の課題を確認する。 【本時の課題】世の中で行われている生物育成の技術の工夫を調べよう。 ・工夫調べレポートの記述欄①に，作物の栽培に関する技術と，動物や水産に関する技術を調べてまとめる。 ・工夫調べレポートの記述欄②に，問題解決をしている場面や生産者の思いを書く。	◇生徒が何を調べるか選ぶことに時間をかけすぎないように，迷っている場合には教科書の実習例のページを参考にさせる。 ◇技術室に栽培に関する本や種袋，新聞の記事など調べ学習の参考にできる資料を用意しておき，必要に応じて生徒に提示する。 ◇生徒が工夫調べレポートを書いている際には机間指導を行い，具体的に声かけをする。 ◇どのように書けばよいか，わからない生徒には先輩のレポートなどを見せられるようにしておく。 ■工夫調べレポートの記述欄①（知） ■工夫調べレポートの記述欄②（思）
展開2 10分	・工夫調べを行い，生物育成の技術について思ったことや，感じたことを工夫調べレポートに書く。	◇具体的に書くことができていない生徒には，個別に声かけを行う。 ■工夫調べレポートの記述欄③（態）
まとめ 10分	・次回行う「技術を使って冬に野菜を育てよう」の課題について関心をもつ。	◇本時の工夫調べレポートを次回からの栽培学習に結びつける。

　この授業では，世の中で栽培や飼育されている「作物」と「動物及び水産生物」の２つの具体的な事例を調べ，これまで学習してきた育成環境の調整などの技術が，どのように使われているかを学びます。そのために，教科書やインターネットを情報源として，調べた情報を工夫調べレポートにまとめます。この学習では，２種類の異なる生物育成の技術を調べることで共通する問題解決の工夫に気づくことができるようにしています。

　調査は，その作物・動物・水産生物の特徴とそれに合わせた栽培技術について具体的に調べたことと，問題が起きたときに生産者は技術を用いてどのように解決してきたのか，どのような思いで，どのような工夫をしてきたのかといった問題解決の工夫について調べ，レポートにまとめます。例えば，生徒は工夫調べレポートの記述欄②の欄に「キュウリは，出荷時期を旬の時期とあえてずらすために，ビニールハウスの中で加温するなど温度管理をしていた」や「ブロイラーは，効率よく肥育するために，あえて狭いスペースで過密飼いをして，短期間で出荷していた」など，生産者の具体的な工夫を記入します。この授業は，１時間で実施する予定にしていますので，できるだけ簡潔に示すようにします。もし，この学習に２時間以上かけ

たい場合は，図示したり表を挿入するために記入欄を広げるなどしてレポートの書式を工夫したり，グループや全体での発表会をして級友が調べた内容に触れる場を設けたりすると，より活動に広がりや深まりが出ます。

　この活動を通して，生物育成の技術への興味や関心を高め，これからの生物育成の問題解決や作物の栽培への意欲を工夫調べレポートの記述から読み取って評価します。

◆評価資料の具体例

　この工夫調べレポートでは，記入欄を観点ごとに３つに分けています。[1]の欄には作物の特性や性質，育成環境の調整等の知識や技能を記入させます。[2]の欄には，それらの技術に込められた工夫（思考・判断・表現）を読み取って記入させます。[3]の欄には，生産者の工夫等を調べる学習を通して感じたこと，思ったことを記入させます。

□　生物育成の技術（作物栽培の技術・水産もしくは家畜の技術）を調べてみよう！

調べた作物や事例	①[　　　　　　　　　　　　]（作物の栽培）	②[　　　　　　　　　　　　]（水産もしくは家畜）
どのように栽培をするのか・どのように育成するのかを書いてみよう	イラストと説明で書いてみよう	イラストと説明で書いてみよう

1

作物の特性や性質，育成環境の調整などの技術のまとめ

（知識・技能）

生物育成の技術に込められている工夫または，技術によって問題を解決している事例		
栽培・育成している人の思い（技術の工夫を調べた内容やあなたの予測）		

2

生物育成が最適化されていることに気づく

（思考・判断・表現）

| 参考にした資料 | [ ] 教科書（　　　　　　ページ）
[ ] 本や資料(　　　　　　　)
[ ] Web サイト(　　　　　)
[ ] その他(　　　　　　　) | [ ] 教科書（　　　　　　ページ）
[ ] 本や資料(　　　　　　　)
[ ] Web サイト(　　　　　)
[ ] その他(　　　　　　　) |

□　生物育成に関する技術を調べ、あなたが思ったことや感じたことを書きましょう

3

生物育成の技術をまとめ自分の思いや意思を表す

（主体的に学習に取り組む態度）

工夫調べレポートの例

◆評価の実際例

　この事例では，工夫調べレポートを作成する中で芽生え，ふくらんだ興味や関心を3の欄の記述から読み取ります。調査を通して「自分が食べていた野菜に興味をもった」「自分が栽培をするときは，こんな工夫をしたい」「これから野菜を買うときには表示を見て，どれを選べばよいか考えたい」など興味や関心をもったことを，具体的に示すことができていればB評価，加えて今後の学習や生活に生かそうとする意欲を示すことができていればA評価としています。

〈A評価の例①〉

栽培方法には，生産者に共通して実践していることがあったり，その人なりのやり方があったりしたので，生産者がこだわっている部分が同じ野菜でも違うと思った。**動物を飼育するときには餌を工夫して味を変えてよいものを生産したい。**	この生徒は，生産者のこだわりに気づき，工夫をすると味に影響があることに関心をもっていることがわかる。その上で，動物を工夫して飼育することに意欲を見せている。そのため，A評価とした。

〈A評価の例②〉

動物も作物も生産する人が工夫をどのくらいしているのかわかり，ストレスの対策もしっかりしていて大変だと思った。これから買うときには**値段だけではなく，どのような方法で育てているのかを見て，安全なものを選びたい。**	この生徒は，生産者が実践している問題解決の工夫に触れ，その努力や苦労について関心を寄せていることがわかる。また，生産物を購入する際に，学習で気づいた技術の見方・考え方を生かす意思を表示していることからA評価とした。

〈B評価の例〉

飼育や栽培は害虫などから守ったり，動物の体調管理を気にしたり，**常に目を見張っていないといけないと思うから，すごく大変で難しいことなんだと感じた。**	この生徒は，病害虫の防除など育成する生物の健康管理に関心を寄せている。また，それに対して「大変で難しいことなんだと感じた」と思いを述べている。一方で，生活や今後の学習に生かす意思表示は見られないためB評価とした。

　私の実践では，題材最後のふり返りから「主体的に学習に取り組む態度」の記述を読み取った際に，これまでの体験や授業での内容が生かされていないものになってしまったことがありました。その理由は，それぞれの授業の内容につながりがなかったためでした。そのため，例えば生物育成であれば「環境の調整」などに軸を置いて授業を組み立てていき，各授業で環境の調節についての興味・関心を高める事例等を紹介していき，問題解決の際にも環境の調節を意識させることで，題材全体の学習が「環境の調節」でつながります。そして，「環境の調節」に対する関心・意欲が育つように働きかけることで，最終的には「主体的に学習に取り組む態度」を評価しやすくなると思います。

（横山　駿也）

6 　内容B　生物育成

1　評価のポイント

　B(2)では，生活や社会の問題を生物育成の技術によって解決する学習を通して，自ら試行錯誤したり粘り強く取り組んだりする態度や，自らの問題解決とその過程をふり返り，よりよいものとなるよう改善・修正しようとする態度を育みます。

　この事例では，上記の態度を育てるために，数値で達成度を判断可能な目標を設定させることで問題解決の過程を客観的に評価できるよう学習指導を工夫しています。また，生徒の内面にある態度をできるだけ表出させるために，タブレット端末を活用して記入欄を工夫した栽培記録表のフォーマットを配布し，それに記入させるなど評価方法を工夫しています。

2　事例（題材）の概要

❶指導学年・指導内容

　第1学年

　題材名「高品質ミニトマトを収穫しよう！」

❷この事例に該当する「題材の評価規準」

　[知識・技能]　生活や社会で利用されている生物育成の技術の基礎的な知識とそれらに関わる技能を身につけ，生物育成の技術と生活や社会，環境との関わりについて理解している。

　[思考・判断・表現]　生活の中から生物育成の技術に関わる問題を見いだして課題を設定し，解決策を構想し，実践を評価・改善し，表現するなどして，課題を解決する力を身につけているとともに，よりよい生活の実現に向けて生物育成の技術を評価し，適切に選択，管理・運用する力を身につけている。

　[主体的に学習に取り組む態度]　よりよい生活の実現に向けて，課題の解決に主体的に取り組んだり，ふり返って改善したりして，生物育成の技術を工夫し創造しようとしている。

3　指導と評価の計画（全12時間）

指導事項	時	主な学習活動	主な評価方法
B(1)	1～3	・育成環境の調節方法や管理技術の方法を知る。	
	4	・高糖度ミニトマトの生産者のインタビュー動画から，どのように技術を活用しながら問題を解決しているのか読み取る。	
B(2)	5～6	・課題を解決するための育成計画表を作成する。	
	7～9	・生育状況に応じた管理作業を行い，問題解決に取り組む。	栽培記録表（態）
	10	・生育の過程と収穫の結果などをふり返り，課題のよりよい解決策について考える。	問題解決のふり返り（態）
B(3)	11～12	・生物育成の技術のよりよい在り方や未来展望について話し合い，自分なりの意思をまとめる。	

4　指導と評価の事例

◆評価の事例1

　この学習活動では，栽培期間中に生徒が記録する栽培記録を使って，主体的に問題解決に取り組もうとする態度について評価します。

◆本時の評価規準

○課題を解決するために，育成計画に基づいて栽培に取り組んだり，作物の生育状況に応じて管理作業を行ったりすることができる（態）

◆評価資料の具体例

　ここで使用する栽培記録は，記入する項目を指定したスライドを作成して生徒に配付します。作業した内容だけでなく，なぜその作業をしたのかという理由を記録させることで，問題解決に対する思いや考えの変容など，「主体的に学習に取り組む態度」の実現状況を把握しやすくなります。単に作業を記録するだけでなく，その根拠を考えさせることで，作物の特性を関連付けて考えようとしたり，作物の状態をしっかり観察しようとしたりさせることをねらっています。

```
月　　日（　）　気温：　　℃

①

②

③

④
```

①作物の様子：生育状況を観察して，文章で記録する。

②作業内容：実施した管理作業を記録する。

③作業の理由：特に計画になかった作業を実施した場合，必ず記録させるようにする。

④記録写真：生育状況について，撮影した静止画を貼り付ける。

栽培記録のフォーマット例

◆評価の実際例

　ここでは，生徒が播種から収穫までの作業をまとめた栽培記録を基に，観点「主体的に学習に取り組む態度」の評価A・B・Cを判断しています。B評価と判断する目安は「設定した課題を実現できるよう，定期的に作物を観察し，管理作業を続けていること」，A評価と判断する目安は，B評価に加え「育成計画を基に作物の状態をよく観察し，生育段階や生育状況に応じてよりよく育つ方法を模索しながら作業していること」としています。比較的長期間を要する育成学習では，収穫まで育成に粘り強く取り組むことと，自らの学びを調整することの両方が大切です。そのため，本事例もそうですが，毎時間のように継続して記録する育成記録表を利用して評価する場合は，「いつの記録で評価するか」を考えることが必要です。試行錯誤を重ね，学びの調整を繰り返す中で，態度が長期的に大きく育つことを期待したいです。

〈A評価の例〉

【ミニトマトの様子】
大会に行っていた木曜日から土日の4日間で，暑さにより見事にしおれてしまった。

【管理作業】
予定外だが，水の量を多めにあげる。
また，暑さが続くようなので，苗の場所も直射日光の当たらない所へ2，3日移動させることにする。

（※この日以外に30枚の記録あり）

　この例では，生徒が大きなピンチを迎えています。しかし，しおれた苗に対して栽培計画を見直し，一時的に水の量を増やすことと育成場所を変更することで回復させようとしていることがうかがえます。その後も継続的な記録と工夫しようとする考えが確認できたことから，栽培（問題解決）に対する主体的に学習に取り組む態度はA評価と判断しました。

※この1回分の記録だけで評価しているのではなく，この日のように特徴的な記録をピックア

ップしたり，授業中の行動観察を組み合わせたりして，総合的に評価しています。

〈B評価の例①〉

【ミニトマトの様子】
・葉の枚数は約100枚，草丈1 m20㎝。
・花は約15個。
・赤い実が増えた。

【管理作業】
・水やり　　　・誘引
・実が増えたので，尻腐れ病を予防する
　ためにスプレーを使った。

（※この日以外に30枚の記録あり）

　この例では，ミニトマトの様子を詳細に記録できています。実の数も把握していることから
ミニトマトの様子を継続的に観察し，先を見通して作業をしていることがわかります。一方で，
育成計画に照らした記述は見当たりません。課題の達成に向けて学びの調整をしているとは言
い切れません。そのため，この生徒はB評価と判断しました。

〈B評価の例②〉

【ミニトマトの様子】
・気が付いたら，緑色の実が4つできていた。
・わき芽がたくさんできていた。

【管理作業】
・摘芽　・雑草取り

　この例では，授業中に脇芽が出たため摘芽をするなど作物の状態に合わせて作業をしている
様子を観察できましたが，何のために，どのくらい（何か所）摘芽をしたのか記録できていま
せん。このことから，よりよく課題を解決しよう（糖度を高めよう）とする取組を把握するこ
とができません。そのため，B評価としました。この生徒は，学びを自分で調整できているとは
言い難いため，教師の指導やアドバイスの出番です。

◆評価の事例２

　この学習活動では，生徒が育成を終えた段階で自らの問題解決活動をふり返り，よりよいものとなるよう改善・修正しようとしている態度を評価します。

◆本時の評価規準

○問題解決の結果とその過程をふり返り，よりよいものとなるよう改善・修正しようとしている（態）

◆評価資料の具体例

　このワークシートには，ミニトマトの栽培をふり返る２種類の設問を用意しています。設問の(1)では，収穫に向けた過程で自分が工夫してきたことを客観的に捉えて，選択してきた方法が本当に適当だったかどうか自己評価させます。それを受けて設問の(2)で「さらによい結果を得るためには？」と問うことで，努力した結果うまくいったことや，頑張ったけどうまくいかなかったことなどを実感しながら技術の学びによる自己有用感を高めつつ，「もっとこうすればよかった」「次はこうしてみたい」という意欲の向上を図った工夫をしています。

　このワークシートでは，設問(2)の記述内容を読み取り，観点「主体的に学習に取り組む態度」の評価Ａ・Ｂ・Ｃを判断しています。Ｂ評価と判断する目安は「課題のよりよい解決策について，改善する方法を考えようとしている」，Ａ評価と判断する目安はＢ評価に加えて「設定した課題や，自分が取り組んできた作業による原因と結果を踏まえながら，問題解決の活動全体をよりよく改善しようとしている」としています。具体的な作業だけでなく，設定した課題や育成環境の調節方法など，育成計画も含めて広く深く考えようとしているかがポイントです。

解決過程	(1)課題の解決に向けて，よりよく育成できるよう改善や修正しようとしてきたことを思い出して書いてみよう。
解決結果	(2)収穫してみて，さらによい結果を得る（糖度を高める）ためにはどのようなことをすればよいか，改善案を書いてみよう。

改善・修正を考えるワークシートの例

◆評価の実際例

〈A評価の例①〉

私の課題は「糖度は8度程度のトマトを防虫ネットや農薬を用いて育てる」だった。しかし，想定外の結果になったことが2つある。1つ目はトマトの実が割れたことだ。多分水やりを過度に行ったことが原因だと思う。慎重に判断して水やりを行うべきだった。2つ目は，虫食いが発生したことだ。いつ防虫ネットなどを設置するべきかわからなかったので，計画のときに設置する時期も考えるべきだった。	この例では，解決過程に対する改善案を2つ挙げている。それぞれ原因を考察した上で，よりよい解決策にするにはどうすればよいか，具体的に考えようとしていると判断することができるためA評価とした。

〈A評価の例②〉

課題に合わせて適切な水の量を与えたり，脇芽や雑草を除去したりするなど，周りの環境整備や適切な栽培管理ができた。さらによくするためには，もう少し与える水の量を抑えて，摘花などをして1つの実に与えられる養分の量を増やせればよいと思う。	この例では，うまくできたことを1つ，改善策を1つ挙げている。改善策の記述は少ないが，まず問題解決の工夫がうまくできたことをしっかりと捉えられている。その上でさらなる改善策を考えている。よりよく解決しようとする意思が読み取れるためA評価とした。

〈B評価の例〉

水やりの量が多かったり，摘芽などができなかったりしたせいか，糖度が上がらなかった。休日も部活の前後で作業するなど，もっとこまめに管理作業を行って，**糖度が上がる工夫をしていきたい。**	この例では，うまくいかなかった原因と結果を考察しているが，どこを改善すればよいか具体的に指摘することはできていない。栽培記録のつけ方に改善の余地がありそうである。一方で，糖度が上がる工夫をしていきたいと意欲を示しているためB評価とした。

　生徒の記述から，粘り強さや自己調整の様子を把握する場合には，評価するポイントや教師が判断する基準をわかりやすく生徒に示しておくことが必要な場合があります。教師の言葉かけやワークシートのリード文を工夫して，評価と指導が一体となって生徒の「主体的に学習に取り組む態度」を伸ばしていけるとよいでしょう。また，例えば「実際の農家がやっていたことの中で，私たちの栽培に生かせそうなことはあったかな？」などと問いかければ，生徒の中で(1)生活や社会を支える技術の学習と(2)技術による問題の解決とがつながり，これまでの生物育成の技術に関する学びを整理しようとするので，自らの学びを調整することにつながり，より最適な解決策を考えようとする態度の育成が期待できます。

（滝本　穣治）

7 内容B　生物育成

1　評価のポイント

　B(3)では，持続可能な社会を構築するために，生物育成の技術をどのように使ったり発展させたりすればよいかを考えようとする態度を育てます。この事例では，社会の発展と生物育成の技術のプラス面，マイナス面の関わりを捉えやすくし，学習活動を活発にするためにSDGsの各目標と生物育成の技術をつなげて話し合うように工夫しています。

　また，社会の発展と生物育成の技術について「主体的に学習に取り組む態度」を評価するために，記述欄を分けたワークシートを用いています。

2　事例（題材）の概要

❶指導学年・指導内容
　第2学年
　題材名「宮崎が誇る生物育成の技術を説明しよう」

❷この事例に該当する「題材の評価規準」
　[知識・技能]　生活や社会で利用されている生物育成の技術についての科学的な原理・法則や基礎的な技術の仕組み及び，生物育成の技術と生活や社会，環境との関わりについて理解しているとともに，安全・適切な栽培や検査・点検等ができる技能を身につけている。

　[思考・判断・表現]　生活や社会の中から生物育成の技術に関わる問題を見いだして課題を設定し，解決策を構想し，実践を評価・改善し，表現するなどして，課題を解決する力を身につけているとともに，よりよい生活の実現や持続可能な社会の構築に向けて生物育成の技術を評価し，適切な選択と管理・運用，改良，応用する力を身につけている。

　[主体的に学習に取り組む態度]　よりよい生活の実現や持続可能な社会の構築に向けて課題の解決に主体的に取り組んだり，ふり返って改善・軌道修正したりして，生物育成の技術を工夫し創造しようとしている。

3　指導と評価の計画（全14時間）

指導事項	時	主な学習活動	主な評価方法
B(1)	1〜3	【宮崎が誇る生物育成の技術を説明しよう】 ・宮崎の生産者が行っている生物育成の技術の工夫を調べ，レポートにまとめる。 ・作物，動物，水産生物を育てる技術について学習する。	
B(2)	4〜6	【農家に挑戦！　大きなブロッコリーを育てよう】 ・スーパーで販売されているブロッコリーの大きさを参考に課題を設定する。 ・ブロッコリーの栽培計画を立てる。	
	7〜12	・継続して栽培記録をつけながらブロッコリーを栽培する。 ・収穫レポートを作成する。	
B(3)	13〜14	【生物育成の技術が発展した未来の社会を語ろう】 ・生物育成の技術の進歩が，未来の社会にどのような影響を与えるか分析的に予想し語り合い，これからどのように生物育成の技術を発展させた方がよいか，そこに自分がどのように関わるか考える。	ワークシート（知・思・態）

4　指導と評価の事例

　この事例は，生物育成の技術がどのように進歩するか予想し，それがSDGsの各目標にどのような影響を与えるか考え，学級全体で話し合います。この学習を経て生徒がもつ「技術の未来を主体的に考えようとする態度」と「進んで生物育成の技術に関わろうとする態度」をワークシートの記述内容から読み取って評価しています。ワークシートは，生徒が自分の思いや考えを記述しやすくすること，それを教師が読み取りやすくすることを意図して，記述欄を3つに分けて構成しています。

◆本時の評価規準

○生物育成の技術と生活や社会，環境との関わりについて理解している（知・技）

○よりよい生活の実現や持続可能な社会の構築に向けて生物育成の技術を評価し，適切な選択と管理・運用，改良，応用する力を身につけている（思）

○よりよい生活の実現や持続可能な社会の構築に向けて生物育成の技術を工夫し創造しようとしている（態）

◆本時の展開例（14時間目）

展開	主な学習活動	■評価（観点）と◇留意事項
導入 5分	・前時の学習活動をふり返る。 ・SDGs の各目標に対してプラスの影響が多いか，マイナスの影響が多いかを予想する。	◇ワークシートに記入した「生物育成の技術の発展による SDGs への影響」のプラスの影響，マイナスの影響に目を通させる。 ◇プラスの影響が多い場合は，そのように技術を発展させようとすればよく，マイナスの影響が多ければ，特に課題として改善しようとすることが必要であることを意識させる。
	生物育成の技術が発展した未来の社会を語ろう	
展開1 5分	・ワークシートに記入した「生物育成の技術の発展による SDGs への影響」のプラスの影響，マイナスの影響の欄を確認し，必要に応じて加筆・修正する。	◇生徒の考えによる幅広い記述を支持しつつ，記入した内容が，本当にプラス，マイナスの影響につながるか吟味させる。 ■ワークシートの記述欄①（知・思）
展開2 15分	・SDGs の目標ごとに，プラスの影響，マイナスの影響を発表する。	◇生徒の発表を板書するとともに，関連する事柄同士をつなぎ，生徒が考える生物育成の技術の発展が社会に与える影響を視覚的に整理する。
展開3 15分	・自分たちの分析を基に，どのような生物育成の技術を発展させたいか，どのように発展させたいか，考えを発表する。	◇まず各自でワークシートに考えを記述させ，その後，学級全体で話し合わせる。その際，生徒の述べた考えに含まれる技術の発達による未来の社会の姿を全体で共有し，それに対してどう考えるか問い，話し合いの焦点化・活性化を図る。 ■ワークシートの記述欄②（思・態）
まとめ 10分	・話し合いを経て，今後自分が生物育成の技術にどのように関わっていきたいかをワークシートに記入する。	◇「生産者」「消費者」など技術に関わる立場を意識させ，自分の将来像と未来の社会への参画をイメージして記入できるようにする。 ■ワークシートの記述欄③（態）

　この授業では，持続可能な社会を構築するために，生物育成の技術をどのように使ったり，発展させたりすればよいか考えようとする態度を育てるために，「考えたい」という気持ちをもつことができるようにすることを大切にしています。そのために，学習した生物育成の技術と世界全体で解決を目指そうとしている SDGs に広く深いつながりがあり，生徒自身が未来の社会づくりと関わりをもつことを実感することができるように，生徒に幅広い視点から考えを表現させて，生徒間で共有できるようにしています。それを表現した板書の例が次ページの上にあります。

　一方で，根拠のない考えや誤った考えに終始しないように，「本当にそう言えるか」と考えさせるよう指導しています。このような学習を通して，生徒自身が目指す社会を実現するため

に主体的に生物育成の技術について考えようとする態度を育みます。

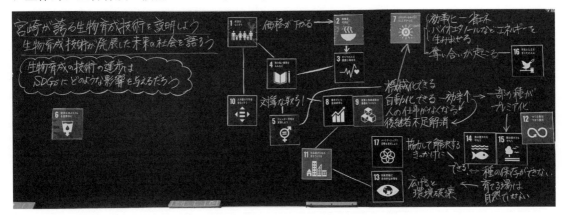

「生物育成の技術が発展した未来の社会を語ろう」板書の例

◆評価資料の具体例

　評価資料は，下に示すワークシートを用います。このワークシートは，３つの記述欄から構成しています。記述欄①は観点「知識・技能」と観点「思考・判断・表現」の評価に，記述欄②は観点「思考・判断・表現」と観点「主体的に学習に取り組む態度」の評価に，記述欄③は観点「主体的に学習に取り組む態度」の評価に，それぞれ用いています。

技術・家庭科（技術分野）ワークシート

生物育成技術が発展した未来の社会を語ろう　3年（　）級（　）番　氏名（　　　　）

生物育成技術の発展によるSDGs（　）□□□□□□□□□□□への影響

プラスの影響	マイナスの影響
1	

○今後，私たちは生物育成技術をどのように使ったり，作ったりすれば良いでしょうか。

2

○あなたは今後，生物育成技術とどのように向き合っていきたいですか。

3

ワークシートの例

◆評価の実際例1

　まず，記述欄②の評価について例を示します。この記述欄には，社会全体がどのように生物育成の技術と関わっていけばよいかについて，生徒自身の考えを表現させます。生徒の記述を読み取り，下の表に示す判断の目安に照らしてA・B・Cの3段階で評価します。生徒の「思考・判断・表現」の様子を通して，内面に培われた技術に対する価値観（＝技術の見方・考え方）の状況を把握します。

記述欄②における判断の目安

評価	記述の内容
A	今後，生物育成の技術をどのように使ったり，つくったりすればよいか，生徒の内面に培われた技術の見方・考え方を働かせて，具体例を挙げたり将来像の予測を示したりして考えを示すことができている。
B	今後，生物育成の技術をどのように使ったり，つくったりすればよいか考えを示すことができている。（生徒の内面にある態度の成長や，技術の見方・考え方を働かせている様子が見えない）
C	今後，生物育成の技術をどのように使ったり，つくったりすればよいか考えを示すことができていない。

〈A評価の例①〉

生物育成の技術を発展させる上で，大切にしたいことはバランスだと思う。**具体的には**，将来自動化が進み，効率よく大量生産できて貧困がなくなる可能性が高い**一方で**，農家の人の仕事がなくなったり，エネルギー問題とのつながりが出てきたりすると思う。だから，例えば**AIの導入に際しても人との共同作業のバランスが必要**だと思った。	この生徒は，生物育成の技術の自動化を具体例として挙げている。技術の見方・考え方を働かせて，自動化を進めることによる将来のバランスを重視している様子から，態度が育ったと判断し，A評価とした。

〈A評価の例②〉

世界の人口が増え続けている中で，日本の食料自給率は下がっている。だから養殖など**天然資源を採ることなく食料を安定供給できる技術**をもっと進歩させた方がよいと思う。だけど，**品種改良をした魚が海に逃げたりすると，生態系に影響を与える**かもしれないので気をつけないといけないと思う。	この生徒は，養殖技術への期待を述べる中で，技術による生態系（＝地球環境）へのマイナスの影響に言及している。このことからA評価とした。

〈B評価の例〉

これからの未来に優しいことをして，メリットばかりに目を向けず，デメリットにも目を向けて何かを育てたり行なったりすることが大切だと思う。デメリットの対策を考えて行動するとよいと思った。	この生徒は，技術をどのように使っていけばよいかを示すことができているが，具体例や将来像を含まず，やや抽象的である。そのためB評価とした。

◆評価の実際例2

　次に，記述欄③の評価について例を示します。この記述欄には，生徒自身が生物育成の技術とどのように関わっていきたいかについて思いや考えを表現させます。ここでは，生徒の記述を読み取り，下の表の判断の目安に照らしてA・B・Cの3段階で評価します。

記述欄③における判断の目安

評価	記述の内容
A	今後，生物育成の技術とどのように関わっていきたいか，具体例を挙げたり将来像の予測を示したりして思いや考えを示すことができている。
B	今後，生物育成の技術とどのように関わっていきたいか，思いや考えを示すことができている。
C	今後，生物育成の技術とどのように関わっていきたいか，思いや考えを示すことができていない。

〈A評価の例①〉

私は，技術を学習しただけで実際に見ていないし，生産者の視点に立てていないと思うので，祖父母の畑で工夫していることを聞くなどして，**育てる側の工夫を知っていきたい**と思いました。	この生徒は，育てる側の工夫をもっと学びたいという思いを示す中で，生産者が身近にいる環境を生かすことを述べていることからA評価とした。

〈A評価の例②〉

買い物をするときに，パッと商品を見ただけで買うのではなく，**どうやってつくられたものかもしっかり見よう**と思いました。今まで，何となく「天然物」を選んで買っていたのですが，この題材を学んで養殖技術に込められた工夫やその影響を知って，「何となく」をなくすことができたように思います。	この生徒は，消費行動が技術の発展につながることを捉え，自らの消費行動について技術の見方・考え方を働かせようとする意思を示している。このことからA評価とした。

〈B評価の例〉

生物育成の技術があるからこそ，私たちは今の生活を送れているんだと思った。だから私は，生物育成の技術に直接関わることはできないが，生物育成の技術をもっと学び，日頃の行いをふり返り，少しでも未来をよくしていければいいと思う。	この生徒は，技術とどのように関わっていきたいかを示すことができているが，具体例や将来像を含まず，やや抽象的である。そのため，B評価とした。

　私は，この事例の記述欄②と③の評価の重みを同じにしています。段階A・B・Cを点数化し，題材を通したふり返りシートの評価結果などと合わせて，「主体的に学習に取り組む態度」の評価を総合的に判定しています。(3)社会の発展と技術の授業は，明るい未来の実現に向けたキラキラした雰囲気で生徒の発想や意志が真剣に表現される場でありたいです。その授業を経た生徒には，A評価をつけていきたいです。

（小八重　智史）

8 内容C　エネルギー変換

1 評価のポイント

　C(1)では，エネルギー変換の技術に関する知識を習得したり，既存のエネルギー変換の技術に込められた問題解決の工夫を調べたりする学習を通して，粘り強く学習に取り組み，進んでエネルギー変換の技術に関わろうとする態度を育てていきます。

　この事例では，進んでエネルギー変換の技術に関わろうとする態度を育てるために，近年移動手段として飛躍的に進歩しているモビリティを取り上げ，調査させ，モビリティを題材とした(2)技術による問題の解決の学習へと展開します。

　また，学習することによってふくらんだ思いや気持ちを，ワークシートに記述させ，その内容の読み取りから，観点「主体的に学習に取り組む態度」を評価します。

2 事例（題材）の概要

❶指導学年・指導内容
　第２学年
　題材名「エネルギーを効果的に使って林業の問題を解決しよう」

❷この事例に該当する「題材の評価規準」
　[知識・技能]　生活や社会で利用されているエネルギー変換の技術についての科学的な原理・法則や基礎的な技術の仕組み，保守点検の必要性及び，エネルギー変換の技術と社会や環境との関わりについて理解しているとともに，安全・適切な製作，点検及び調整等ができる技能を身につけている。

　[思考・判断・表現]　林業の作業中に想定される問題を見いだして課題を設定し，解決策を構想し，実践を評価・改善するなどして課題を解決する力を身につけているとともに，持続可能な社会の構築を目指してエネルギー変換の技術を評価し，適切に選択，管理・運用したり改良，応用したりする力を身につけている。

　[主体的に学習に取り組む態度]　持続可能な社会の構築に向けて，課題の解決に主体的に取り組んだり，ふり返って改善したりしてエネルギー変換の技術を工夫し創造しようとしている。

3　指導と評価の計画（全20時間）

指導事項	時	主な学習活動	主な評価方法
C (1)	1～6	・エネルギーの種類と変換の仕組みを知る。 ・電気エネルギーの変換，動力伝達の仕組みを知る。 ・電気機器の保守点検を行う。	
	7～8	・エネルギー変換の技術を利用した移動手段について調べ，レポートにまとめる。	モビリティレポート（思・態）
C (2)	9～10	・問題を解決するマシンを設計する。	
	11～18	・設計したマシンを製作し，問題解決に取り組む。	
C (3)	19～20	・エネルギー変換の技術のよりよい在り方について話し合い，自分なりの考えをまとめる。	

4　指導と評価の事例

◆評価の事例

　この学習活動では，レポートを使って，エネルギー変換の技術に関する興味や関心について評価します。

◆本時の評価規準

○エネルギー変換についての科学的な原理・法則や基本的な技術の仕組みを説明できる（知・技）

○エネルギー変換の技術に込められた問題解決の工夫を読み取り，エネルギー変換の技術の見方・考え方に気づくことができる（思）

○進んでエネルギー変換の技術と関わり，主体的に理解しようとしている（態）

◆本時の展開例（8時間目）

展開	主な学習活動	■評価（観点）と◇留意事項
導入 5分	・前時の学習内容をふり返る。 ・本時の学習課題をつかむ。	◇本時の学習の流れについて見通しをもつことができるよう説明する。
展開1 30分	・モビリティレポートの内容を発表し合う。	◇多様なモビリティの発表を聞くことができるよう，班を構成する。
展開2 10分	・エネルギー変換の技術に対する自分の思いや考えをワークシートに記入する。	◇本時だけでなく，これまでの学びを踏まえて考えるよう指示する。 ■ワークシート（態）
まとめ 5分	・エネルギー変換の技術について基礎的な原理・法則を改めて整理する。	◇原理・法則や技術の仕組みを簡単にふり返ることで，次時からの問題解決に生かせるようにする。

　本時は，分担して調査し，まとめてきたレポートを発表し合い，様々なモビリティに込められた問題解決の工夫を知ることを通して，エネルギー変換の技術の仕組みや役割を整理するとともに，エネルギー変換の技術がもたらす明るい未来に思いを馳せ，さらに関心を高めることをねらっています。

　開発中のモビリティなどを分担して調査する際，現時点では生徒の身近にないものも選択肢に含めることで，今も新たな問題解決への挑戦が続いていることに気づかせ，技術について「もっと調べてみたい」「自分も技術でこんなことをしてみたい」といった学習意欲を高めることができます。

　モビリティに対する関心のみに終始することがないように，展開2からまとめにかけては，エネルギー変換の技術の基礎的な技術の仕組みや原理・法則などをもう一度ふり返り，省エネや効率的なエネルギーの利用など，社会におけるエネルギー変換の技術の役割を確認すること

図1　調査するモビリティを確認する様子

図2　発表後にさらに調べようとしている生徒

で，「主体的にエネルギー変換の技術の学習に取り組む態度」を適切に評価できるように工夫しています。

◆**評価資料の具体例**

　図3のワークシートには，発表会のときに発表者が説明した内容を記録する欄（上段）と，発表会を含むこれまでの学習を通したエネルギー変換の技術に対する自分の思いを記述する欄（下段）を設けています。主に，下段の記述内容から観点「主体的に学習に取り組む態度」を評価しています。

　特に下段では，学習したことによって生徒の内面に生まれたプラスの気持ちを読み取るようにしています。そのために，生徒自身がエネルギー変換の技術の概念をもつことができたことや，社会の問題解決とエネルギー変換の技術の関わりを理解することができたことを自覚できるよう，上段の記入内容やこれまでの学習とつなげて考えさせます。その際，「○○も見えるようになったね！」と生徒の自覚を促す一言も効果的です。

　上段では，友達が発表したモビリティについて，単なる感想だけでなく，エネルギー変換の技術について記述されているか確認することで，進んで学ぼうとする意思を補足として読み取ることができます。下段の記述に対する評価に**加点する**というイメージでもいいでしょう。また，発表の場面では，友達の発表を聴いて積極的に質問したり，図2のように自ら調べたりするなど，生徒の前向きな行動が観察できたら，補助簿などに記録し，加点することもできます。

○友達が調べたモビリティの中で，新たに知ったことをメモしましょう。		
モビリティの種類		
どんな問題を解決しているか		
エネルギー変換の仕組み		
科学的な原理・法則		
技術に込められた思いや願い		

○生活や社会で用いられているエネルギー変換の技術を学んでみて，あなたの関心が高まったことや考えが変わったこと，やってみたいと思ったことなどを書きましょう。

図3　発表会で使用するワークシートの例

◆評価の実際例

　ここでは，生徒が記述したワークシート下段の記述から，観点「主体的に学習に取り組む態度」の評価A・B・Cを判断しています。B評価と判断する目安は，「生活や社会とエネルギー変換の技術のつながりに気づき，その技術を調べたり詳しく知ろうとしたりしている」，A評価と判断する目安は，B評価に加え「エネルギー変換の技術の役割や仕組みの価値に気づき，生活や社会の具体的な場面を挙げてエネルギー変換の技術を活用していこうとしている」としています。課題について調べる中で気づいたエネルギー変換の技術の見方・考え方を参考にするなどして，粘り強く技術を学ぶことで「自分もこんなことをしてみたい」「もっと詳しく知ることでこんなことに役立ててみたい」という具体的な意思や意欲の強さを判断します。

〈A評価の例①〉

モビリティを調べてみて，ただ速く，快適に移動できるだけではなく，エネルギーを無駄なく使うことで，環境に配慮しながら安全な乗り物が開発されていることがわかった。テレビで「電気を減らす，つくる，溜める」という取組を聞いたことがあるので，どんな技術があればそれができるのか調べてみたい。	この例では，モビリティの調べ学習から得たエネルギー変換の技術の見方・考え方に関する記述がある。さらに，**電気エネルギーの変換に関する報道を挙げ，電気エネルギーの変換に関する技術をさらに調べたいという意欲**が記述から読み取れるため，A評価とした。

〈A評価の例②〉

はじめは，発電の仕組みや動きが伝わる原理などを学んだとき，すごく難しく感じた。でも，その技術があることで，いつも電気が当たり前にある，私たちの便利な生活が成り立っていると思った。**これからもっと勉強して，私もエネルギー変換の技術を使って省エネに貢献できるものを作ってみたい。**	この例では，学習した内容に難しさを感じつつ，その技術によって様々な問題が解決されていることへの価値に気づいた記述が見られる。続いて，**「省エネに貢献できるものづくり」**として，具体性は欠けるが，粘り強く学んでいこうとする意思が十分にあると判断し，A評価とした。

〈B評価の例①〉

太陽光発電はたくさん増えていて，環境にいいものだと思っていたけれど，見方を変えるとリスクも多くあることに驚いた。家に帰ったら，エアコンやLEDなどの省エネ家電について調べてみようと思う。	この例では，学習前後での気づきを捉え，技術を多面的に見るようになった記述がある。しかし，やってみたいことへの記述は調べるに留まり，何かを作ってみたり役立ててみたりする意欲までは見取れないと判断し，B評価とした。

〈B評価の例②〉

エネルギーって目に見えないものだから，よくわからないけれど，電気のない生活なんて考えられない。昨年みたいに夏でも電気がなくなって困ることがないようになってほしい。もっといい発電の方法ってないのか気になった。	この例では，日常生活と電気エネルギーのつながりを，記述している。主体的な関わりが記述からは読み取れるか微妙だが，足りない文章力を授業中の様子や発言から補って評価することも考えられる。ここでは，「気になった」を「気になった（から調べてみたい）」と考えられる生徒だと判断したため，B評価とした。

　エネルギー変換の技術に対して粘り強く学んでいこうとする意欲や態度を育成するには，生徒の学習意欲や興味・関心をいかに引き出すかがカギになります。しかし，原理・法則について理解するのが難しかったり，生徒の興味・関心が多岐にわたったりするなど，なかなか難しい部分は多いです。モビリティはあくまで1つの技術例なので，生徒の実態に合わせて関心の高いネタを取り上げたり，総合的な学習の時間などでSDGsを学んでいればその内容と技術をつないでみたりするなどして，教材研究を含めて生徒と楽しく学び，「主体的に学習に取り組む態度」を育んでいきましょう。

（滝本　穣治）

9 内容C　エネルギー変換

1　評価のポイント

　C(2)では，自分の生活に「あったらいいな」と考える照明を製作する学習を通して，自らエネルギー変換の技術を使って問題を解決しようとする態度を育てていきます。

　この事例では，目的の動作の実現を目指してじっくり粘り強く考える態度を育てるために，自作の教材を用いて設計・製作学習を行っています。

　また，製作過程をふり返って軌道修正しようとする態度を評価するために，継続して自分の学習状況を記録するふり返りシートを用いています。

2　事例（題材）の概要

❶指導学年・指導内容
　第2学年
　題材名「真の省エネに迫ろう」

❷この事例に該当する「題材の評価規準」
　[知識・技能]　電気，運動，熱の特性等の原理・法則と，エネルギー変換や伝達等に関わる基礎的な技術の仕組み，及び，エネルギー変換の技術と生活や社会，環境との関わりについて理解するとともに，基礎的な電気回路の設計・製作や機器の安全な使用及び保守点検ができる。

　[思考・判断・表現]　生活や社会の中からエネルギー変換の技術に関わる問題を見いだして課題を設定し，解決策を構想し，実践を評価・改善し，表現するなどして，課題を解決する力を身につけているとともに，持続可能な社会の構築を目指して，発送電システムを評価し，適切な管理・運用の仕方や，改良の方向性について提言できる。

　[主体的に学習に取り組む態度]　持続可能な社会の実現に向けて，課題の解決に主体的に取り組んだり，ふり返って解決策を改善したり軌道修正をしたりして，エネルギー変換の技術を工夫し創造しようとする態度を身につけている。

3　指導と評価の計画（全18時間）

指導事項	時	主な学習活動	主な評価方法
C(1)	1〜10	「真の省エネに迫ろう」 ・題材を貫く問い「真の省エネとは」に対する学習前の考えを整理する。 「電気を使う仕組みに込められた工夫を説明しよう」 ・照明に着目して，電気をつくる仕組み，電気を安全に使う仕組みを学習する。 ・「LED電球」「テーブルタップ」のいずれかについて，作り手の技術的工夫を調べ，レポートに表現する。 「電力需給システムを知ろう」 ・電力需給システムを構成する電気をつくる仕組み，電気を届ける仕組みについて学習し，電気を届ける仕事の実際を知る。	
C(2)	11〜12	「生活を照らすライトをつくろう」 ・生活場面でどのような照明が必要か想起し，具体的な機能を構想する。その上で，構想した機能を実現できる電気回路を考え，回路図を作図する。	
	13〜15	・設計・計画ワークシートを基に，必要な部品と道具を揃えて製作する。	技能・ペーパーテスト（知・技） 観察，製作品（知・技） ふり返りシート（態）
	16	・製作全体をふり返り，問題解決の道のりにおける成果と課題を整理し，次の問題解決につなげる。	製作レポート（思・判・表） ふり返りシート（態）
C(3)	17〜18	「電力需給システムの未来を語ろう」 ・よりよい生活の実現や持続可能な社会の構築に向けて，電力需給システムをどのように発展させるべきか考える。	

4　指導と評価の事例

◆評価の事例1

　この学習活動は，製作学習の途中段階です。ここでは，ふり返りシートの「本時の学習の状況」と「次の時間に向けて」の欄に記述してあることを読み取ることで評価します。

◆本時の評価規準

○基礎的な電気回路の設計・製作ができる（知・技）

○実践を評価・改善し，表現して，課題を解決する力を身につけている（思）

○課題の解決に主体的に取り組んだり，ふり返って解決策を改善したり軌道修正したりしている（態）

◆本時の展開例（14時間目）

展開	主な学習活動	■評価（観点）と◇留意事項
導入 5分	・前時までに記入したふり返りシートの内容を読み返す。 ・製作に必要な道具や材料を準備し，作業机の上を整える。	◇これまでの学習状況を確認させるとともに，本時の製作で取り組みたいこと，気をつけたいことを確認させる。
	設計通りの「生活を照らすライト」を製作しよう	
展開 37分	・設計・計画ワークシートに基づき，製作する。 ・製作に用いた道具を片付け，作業机を清掃する。	◇机間指導にて安全指導をするとともに，技能面の指導を行う。その際，指導場面において，ふり返りに記録させた方がよいと判断する事柄は強調して指導する。
まとめ 8分	・ふり返りシートに記入する。	◇本時の自分の作業と理想とする姿を比べて次時に気をつけたいポイントを見いださせたり，設計・計画ワークシートの内容と現在の状況を照らして，製作状況の確認をさせたりする。 ■ふり返りシート（態）

　この学習では，生徒が構想した動作を実現するために必要な部品を選択し，基板にハンダづけします。この基板は点灯・消灯を制御する方法を選択できるように工夫した自作教材です。

◆評価資料の具体例

　このふり返りシートは，「本時の学習の状況」を記述する欄と「次時に取り組みたいことや気をつけたいこと」を記述する欄を設け，継続して記入できるようにしています。1枚のふり返りシートにまとめることで，学習中や学習後に読み返しやすくなるように工夫しています。

　「次時の学習に向けての考え」の欄に記入させるときには，題材の学習全体の見通しとこれまでの学習経緯を合わせて捉えさせることで，学習の自己調整を促す指導をしています。

技術・家庭科(技術分野)　振り返りシート		年　　　級　　　番　氏名	
題材名	生活を照らすライトをつくろう	本題材で学習するのは(　エネルギー変換　)の技術	
学習日		本時のあなたの学び	次時の学習に向けての考え
第1回			
月　　日(　　)			
第2回			
月　　日(　　)			

製作過程におけるふり返りシートの例

◆評価の実際例

　ここでは観点「主体的に学習に取り組む態度」を，下の表に示す判断の目安に照らしてA・B・Cを判断しています。「楽しかった」などの感想のみに留まった場合は，C評価と判断しています。

判断の目安

評価	記述の内容
A	「本時のあなたの学び」の欄に，本時の学習においてうまくいったことや，うまくいかなかったこと，難しかったことなどを具体的に示すとともに，「次時の学習に向けての考え」の欄に，次時に取り組みたい改善点などを考えて示すことができている。
B	「本時のあなたの学び」の欄に，本時の自分の学習においてうまくいったことや，うまくいかなかったこと，難しかったことなどを具体的に示すことができている。
C	「本時のあなたの学び」の欄に，本時に自分が学習したことや学習状況を具体的に示すことができていない。

〈A評価の例〉

本時のあなたの学び	次時の学習に向けての考え
トランジスタの脚をハンダづけするときに，3つのランドがハンダでつながってしまった。**全体的に溶かすハンダの量が多かったのが原因だと思う。**先生にハンダを吸い取ってもらえてよかった。	次の時間は，ハンダづけ練習のときにタブレットに配られた「ハンダづけ技能の基礎」の動画を見返して，基板の練習のところで復習してから再チャレンジしたい！

　この生徒は，うまくいかなかったことをふり返りながら，原因の分析とその解決策を自分で考えて，次の新たな目標を設定することができています。そのため，粘り強く自己調整しようとしている様子を把握できるため，A評価としました。

〈B評価の例〉

本時のあなたの学び	次時の学習に向けての考え
前回のふり返りに，なかなかハンダが溶けなかったと書いていたので，今日は**前回よりも長くランドを温めることを意識したら，前回よりもうまくいったと思う。**	次の時間も頑張りたい。

この生徒は，うまくいったことをふり返っていますが，次の学習目標を自分で立てることができていません。そのため，Ｂ評価としました。

◆評価の事例２

この学習活動は，製作学習を終えたふり返りの段階です。ここでは，ふり返りシートの「題材の学習をふり返って」と「次の題材の学習に向けて」の欄に記述してあることを読み取ることで評価します。

◆本時の展開例（16時間目）

展開	主な学習活動	■評価（観点）と◇留意事項
導入 5分	・これまでの製作学習全体をふり返る。	◇製作工程を改めて示すとともに，ふり返りシートを読み返させ，学習の道のり全体を捉えさせる。
	「生活を照らすライト」の設計・製作をふり返ろう	
展開 37分	・製作レポートを作成する。 ・グループで製作レポートを共有する。	◇設計・計画ワークシート，製作品，ふり返りシートの全てをふり返り，具体的に記入するように指導する。
まとめ 8分	・ふり返りシートに記入する。	◇本時を含めた題材の学習全体のふり返りを記述させる。 ■ふり返りシート（態）

この学習では，設計から完成までの製作過程全てをふり返り，自分の問題解決の道のりをレポートに表現します。

◆評価資料の具体例

この学習でも引き続きふり返りシートを使用します。本時に記入する欄は，「題材の学習をふり返って」と「次の題材の学習に向けて」としています。

学習日	題材の学習を振り返って	次の題材の学習に向けて
最終回		
月　日（　）		

題材末のふり返りシートの例

◆評価の実際例

ここでは観点「主体的に学習に取り組む態度」を，次のページに示す判断の目安に照らしてＡ・Ｂ・Ｃを判断しています。「楽しかった」などの感想のみに留まった場合は，Ｃ評価と判

断しています。

判断の目安

評価	記述の内容
A	「題材の学習をふり返って」の欄に，うまくいったことや，うまくいかなかったことなどを自らの学習への取組と合わせて具体的に示すとともに，「次の題材の学習に向けて」の欄に，取組の改善点やさらに取り組みたいことを示すことができている。
B	「題材の学習をふり返って」の欄に，うまくいったことや，うまくいかなかったことなどを自らの学習への取組と合わせて具体的に示すことができている。
C	「題材の学習をふり返って」の欄に，題材を通して自分が学習したことや学習状況を具体的に示すことができていない。

〈A評価の例〉

題材の学習をふり返って	次の題材の学習に向けて
点灯試験のときに，点かなくて，原因を確認したらLEDを間違った向きにハンダづけしていたことがわかった。早く完成させたくて，確認せずに作業を進めてしまったことを反省しています。	途中の確認不足が，成果に影響することを実感したので，次の題材では，先を見通しつつ今何をすべきか，何が大切かなど確認しながら学習を進めたいなと思いました。

題材の学習をふり返って	次の題材の学習に向けて
省エネする目的で暗くなったら点灯するように考えた。最初は，暗くなったらずっと点くようになっていたけど，必要ないときには消灯できるようスイッチを付け加えるように考え直すことができたことがよかった。	本当にこれでよいのかな？　と考え直すことが大切だと思った。正直，最初のライトだと問題は解決されなかったかもしれないので，次の題材でも1回考えた後に，もう一度見直したり，他の方向から考えたりしたい。

　これらの例では，題材全体の取組をふり返りながら，自分が自己調整しながら学習できたことや，次の学習時の改善策，新たな目標を考えることができています。そのため，粘り強く自己調整する態度が育ったと判断し，A評価としました。

〈B評価の例〉

題材の学習をふり返って	次の題材の学習に向けて
今回は時間内に製作が終わりました。思い通りに動作して満足しています。本立て作りのときと比べて，きちんとふり返りシートにポイントを書くことができたからだと思います。	もっと楽しく学習を進められるよう頑張りたいです。

　この例では，題材全体の取組をふり返りながら，うまくいったことや満足感を書いています。しかし，次の学習に対する目標や改善策を読み取れないため，B評価としました。

　継続して学習に取り組む設計・製作の場面こそ観点「主体的に学習に取り組む態度」の「粘り強い取組を行おうとする側面」と「自らの学習を調整しようとする側面」を評価しやすい学習です。題材を設定する際に，生徒の設計の自由度と，生徒に課す制約とを上手にコントロールして，生徒の「やってみたい！」を喚起するよう演出し，生徒が前のめりに粘り強く学習する姿に，授業者が笑顔で伴走したいですね。

（小八重　智史）

10 内容C　エネルギー変換

1　評価のポイント

　C(3)では，これまでのエネルギー変換の技術の学習を踏まえ，社会の発展のためのエネルギー変換の技術の在り方や未来について考える活動を通して，エネルギー変換の技術を工夫し創造していこうとする態度を育てていきます。

　この事例では，エネルギー変換の技術がこれからの社会の発展のためにどのように在るべきかを，ワークシートを使って考えさせています。授業では，どの生徒でも考えやすいよう，最初は身近なエネルギー変換の技術を取り上げ，多角的な視点から技術を評価させます。その際，生徒が問題解決の学習経験をプラスし，技術の未来を展望していけるようにします。

2　事例（題材）の概要

❶指導学年・指導内容

　第2学年

　題材名「エネルギー変換の技術でライトアップ！」

❷この事例に該当する「題材の評価規準」

　[知識・技能]　生活や社会で利用されているエネルギー変換の技術についての科学的な原理・法則や基礎的な技術の仕組み及び，保守点検の必要性及び，エネルギー変換の技術と生活や社会，環境との関わりについて理解しているとともに，安全・適切な製作，実装，点検及び調整ができる技能を身につけている。

　[思考・判断・表現]　生活や社会の中からエネルギー変換の技術に関わる問題を見いだして課題を設定し，解決策を構想し，実践を評価・改善し，表現するなどして，課題を解決する力を身につけているとともに，よりよい生活の実現や持続可能な社会の構築に向けてエネルギー変換の技術を評価し，適切に選択，管理・運用，改良，応用する力を身につけている。

　[主体的に学習に取り組む態度]　よりよい生活の実現や持続可能な社会の構築に向けて，課題の解決に主体的に取り組んだり，ふり返って改善したりして，エネルギー変換の技術を工夫し創造しようとしている。

3　指導と評価の計画（全16時間）

指導事項	時	主な学習活動	主な評価方法
C(1)	1〜5	・生活や社会を支えるエネルギー変換の技術の例や，問題解決の工夫について調べる。	
C(2)	6〜14	・生活や社会の中からエネルギー変換の技術に関わる問題を見いだし，解決するためのLEDを使用した製作品を設計する。 ・製作を行い，動作を点検し，必要に応じて改善・修正する。	
C(3)	15〜16	・エネルギー変換の技術と環境の関わりについて，教科書や視聴覚教材等を使って調べる。 ・エネルギー変換の技術の学習をふり返り，大事だと感じた内容を書き出す。 ・エネルギー変換の技術が生活や社会に与える影響について考える。 ・よりよい生活の実現や持続可能な社会の構築に向けたエネルギー変換の技術の在り方や未来展望について話し合い，自分なりの意思をまとめる。	ワークシート（知・思・態）

4　指導と評価の事例

◆評価の事例

　この学習活動では，これからの社会の発展に向けてエネルギー変換の技術がどのようにあるべきかを，ワークシートを基に考えさせています。ワークシートの設問は，それぞれ上から観点「知識・技能」，観点「思考・判断・表現」，観点「主体的に学習に取り組む態度」に対応しています。

◆本時の評価規準

○これまでの学習を踏まえ，エネルギー変換の技術の役割や影響，最適化について説明できる（知・技）

○よりよい生活や持続可能な社会を目指して，エネルギー変換の技術を評価し，適切な管理・運用の仕方や，改良の方向性について提言できる（思）

○よりよい生活や持続可能な社会の構築に向けて，エネルギー変換の技術を工夫し創造していこうとしている（態）

◆本時の展開例（16時間目）

展開	主な学習活動	■評価（観点）と◇留意事項
導入 5分	・前時の学習内容を思い出す。	◇エネルギー変換の技術の在り方を考える際は，様々な側面（社会，環境及び経済等）からアプローチする必要があることを押さえる。
展開1 10分	・エネルギー変換の技術の役割や影響について印象に残っている事柄を書き出す。	◇まず各自で取り組ませ，発表させることで意見を共有する。 ■ワークシートの設問1（知）
展開2 20分	・エネルギー変換の技術の発達によって，社会がどのように変化するかを考える。	◇プラスの作用（マイナスの作用）は，見方を変えると逆の作用につながる場合もあることに気づかせる。 ■ワークシートの設問2（思）
まとめ 15分	・エネルギー変換の技術の在り方について話し合い，自分の考えをまとめる。	◇多角的な視点から検討させることで，自分なりのエネルギー変換の技術の在り方を考えさせる。 ■ワークシートの設問3（態）

　本時はエネルギー変換の技術の学習の最後の授業です。これまでの授業や自分自身の生活をふり返り，世の中で起こっている出来事や発生している問題と合わせて，技術の在り方について考えていきます。

　この学習では，それぞれの生徒が考えていることを発表することで互いに共有し，意見交換をしながら自分の考えを深めていく活動が有効です。生徒の思考の流れに沿うようなワークシートを作り，意見を発表しやすい雰囲気づくりに努めています。今回は，1時間の授業の中に収まるように展開例を考えましたが，展開1にもう少し時間をかけることも考えられます。その場合は，前時と合わせて時間配分を調整する必要があります。

◆評価資料の具体例

　授業で扱ってきたエネルギー変換の技術の仕組みは，内容自体が電気や機械といった多岐にわたるため，これからの技術の在り方を考えさせる前に，生徒の考えを一度整理させる必要があります。そこで，生徒自身がエネルギー変換の技術で大事だと感じていることをワークシートに書き出し，共有することで，エネルギー変換の技術の概念をまとめていきます。

| | | 学習日：　　月　　日 |

社会の発展とエネルギー変換の技術

1 エネルギー変換の技術の学習を振り返って，「大事だ！」と思った事柄を自由に書き出してみよう。

> エネルギー変換の技術の学習をふり返らせる。発表させることで，エネルギー変換の技術の概念をまとめていく。

2 エネルギー変換の技術が発達することで，どのように社会が変わっていくか考えよう。

エネルギー変換の技術が関わっている場面	どのように社会を変えるか	
	プラスの作用	マイナスの作用
自動車の動力が，ガソリンエンジンから電気モータへと移行している。		
人工知能（ＡＩ）を組み込んだロボットの開発がおこなわれている。		

> 技術が移り変わっていく様子をプラスの作用とマイナスの作用から評価させる。

3 あなたはこれから，エネルギー変換の技術を<u>どのような場面</u>で<u>どのように利用したい</u>ですか。問題解決のための技術のじょうずな使い方を考えてみよう。

> これまでの学習や経験からエネルギー変換の技術の在り方を考えさせる。主語が「私」だけではない，発展的な内容の記述も期待。

2年　　組　　番　名前

ワークシートの例

設問②は，エネルギー変換の技術を評価する活動で記述させます。ここでは，技術の効果と影響を単純なプラス・マイナスで評価するのではなく，技術の発達によって「どのようなプラスの（マイナスの）作用が働いたか」ということに着目させています。このように，技術が生活や社会の中に溶け込んでいる状況を想起させることで，どのように選択，管理・運用していけばよいかを考えさせます。なお，表の3段目は場面例を空欄にしていますので，ここには旬のネタを入れたり，生徒に自分で考えさせたりします（思いのほか発表で盛り上がった場合には，省略して時間調整することもできます）。

設問③はエネルギー変換の技術について，これからの姿（適切な利用の仕方）を考えていく活動です。主語を「あなた」にすることで，生徒が自分自身の生活や授業で取り組んだ実習の経験などを踏まえて，エネルギー変換の技術の在り方について総合的に考えることができます。「私は…したい」という意思を表出させるのが一番の目的ですが，一般化させた提言を書いたり，新たな発想による改良や応用の方法を提案したりする生徒もいます。

◆評価の実際例

設問③だけを見て評価する場合，設問に「あなたは…どのように利用したいですか」とあるように，ここでは「あなたはどう考える？」ということを強調します。これにより，生徒に自分の気持ち（意思や態度）を見つめさせ，技術の必要性を自分事として考えさせます。評価の際には，生徒がエネルギー変換の技術を，自分の生活や社会の問題と結びつけ，どの程度自分事として考えられているかどうかを把握します。

〈設問③だけを見てA評価とした例〉

私は，**機能だけでなく安全性も考えた製品選びをしていきたいです**。実習でLED照明を作ったときに，使用者の安全を考えるという視点を学びました。**製品の開発をしている人たちの思いを感じながら自分に合うものを探したいと思います**。	技術のもつよい面ばかりに目を向けるのではなく，安全性のことも考えた製品選びを行いたいという複数の視点から技術を捉えている。実習で学んだことや感じたことを取り入れている点も評価できるため，A評価とした。

〈設問③だけを見てB評価とした例〉

電気や機械の製品を必要なときにだけ使ったり，無駄な照明は消すなど，**常にエネルギーの節約を心がけていきたい**と思う。将来的には，エネルギーを有効利用するための製品設計やデザインをしてみたい。	内容的に間違ってはいないが，考えの根拠が見当たらない。省エネルギーや節電について，一般的な内容に終始しており，どこかで聞いたことがあるようなフレーズになっている。そのため，B評価とした。

　もう一つ，設問①から③の記述のつながりを見て評価することができます。

　この場合，記述同士のつながりから生徒の状況を把握することが理想的です。

　今回のワークシートは，設問①でこの題材を通して学習したエネルギー変換の技術について大切なことを整理し，設問②で現在活躍している技術に目を向けています。そこで，設問③の記述に，設問①，②で考えた内容が反映されているかどうかを判断して評価します。

〈設問①から③の記述のつながりを見てＡ評価とした例〉

設問①の記述（抜粋）	エネルギー変換の技術では，効率（損失）を考えることが大事だ。エネルギー源を化石燃料に依存している現状では，限りある資源を有効に使うことが必要だと思った。
設問②の記述 （電気自動車に関するものの抜粋）	〈プラスの作用〉再生可能エネルギーを利用することで，環境に優しい移動手段になると思う。 〈マイナスの作用〉日本では火力発電が盛んだから必ずしも電気自動車の利用がクリーンであるとは言い切れない。
設問③の記述	電気や機械の製品を必要なときにだけ使ったり，無駄な照明は消すなど，常にエネルギーの節約を心がけていきたいと思う。将来的には，エネルギーを有効利用するための製品設計やデザインをしてみたい。

　先に紹介したＢ評価の生徒は，設問③の記述だけでは考えの根拠が不十分と判断しましたが，上記の表のように他の設問の記述をあわせて見ると，なぜそのような記述をしたかを設問③で読み取ることができます。このように，前の設問の記述と関連させてみることで印象が変わる場合があります。

　設問①や②を見ても③の記述と関連性が見られない場合には，Ｂ評価ということでよいと思います。

　(3)社会の発展とエネルギー変換の技術の学習内容は，題材のまとめとして行われることが多いと思います。観点「主体的に学習に取り組む態度」の評価にあたっては，生徒が長期間にわたって展開された題材全体の学習をふり返ることができ，集大成として自分の考えを深めさせることができるような授業が理想です。生徒の記述は発問1つで大きく変わるので，どのような聞き方をすればうまく生徒の考えを引き出せるか，いろいろと試してみてください。

（行天　健）

11 内容D　情報

1　評価のポイント

　D(1)では，生活や社会で利用されている情報の技術の仕組みや開発の経緯・意図を調べる活動などを通して，情報の技術の見方・考え方に気づかせ，進んで情報の技術と関わり，主体的に理解し，技能を身につけようとする態度の育成を図ります。

　この事例では，情報の技術について興味や関心を育てるために，工夫調べレポートを使い，情報のデジタル化により利便性の向上が図られている技術の仕組みや開発の意図などをまとめさせます。このレポートでは，生徒が調べたことを書くだけではなく，生徒自身の意見や提案など，以後の問題解決の実習に前向きに取り組むための意識付けができるようにします。

2　事例（題材）の概要

❶指導学年・指導内容
　第2学年
　題材名「AIで処理の自動化に挑戦しよう」

❷この事例に該当する「題材の評価規準」
　[知識・技能]　生活や社会で利用されている情報の技術についての科学的な原理・法則や基礎的な技術の仕組み，情報モラルの必要性及び，情報の技術と生活や社会，環境との関わりについて理解しているとともに，安全・適切なプログラムの制作，動作の確認及びデバッグ等ができる技能を身につけている。

　[思考・判断・表現]　生活や社会の中から情報の技術に関わる問題を見いだして，処理の自動化の機能をもつコンテンツ開発の課題を設定し，解決策を構想し，実践を評価・改善し，表現するなどして，課題を解決する力を身につけているとともに，よりよい生活の実現や持続可能な社会の構築に向けて情報の技術を評価し，適切に選択，管理・運用，改良，応用する力を身につけている。

　[主体的に学習に取り組む態度]　よりよい生活の実現や持続可能な社会の構築に向けて，課題の解決に主体的に取り組んだり，ふり返って改善したりして，情報の技術を工夫し創造しよ

うとしている。

3　指導と評価の計画（全15時間）

指導事項	時	主な学習活動	主な評価方法
D(1)	1〜4	・情報のデジタル化や処理の自動化の仕組みについて調べる。 ・情報の技術の安全を守る，情報セキュリティの技術について調べ，情報モラルの必要性についてまとめる。	
	5	・生活や社会を支える情報の技術の例や，問題解決の工夫について調べる。	工夫調べレポート（思・態）
	6	・処理の自動化やAIによる画像の判別などを体験し，情報処理の仕組みや手順をまとめる。	
D(2)	7〜13	・生活や社会の中から情報の技術に関わる問題を見いだし，処理の自動化の機能をもつコンテンツを設計する。	
		・プログラムの制作を行い，動作を確認し，必要に応じてデバッグする。	
D(4)	14〜15	・よりよい生活の実現や持続可能な社会の構築に向けた情報の技術の在り方や未来展望について話し合い，自分なりの意思をまとめる。	

4　指導と評価の事例

◆評価の事例

　この学習活動では，生活や社会の中で利用されている情報の技術について，生徒が興味をもったものを調べ，調べた技術がどのような問題解決を目指しているものか，開発にあたってどのような工夫が施されてきたかなどを工夫調べレポートにまとめさせます。調べて気づいたことや考えたことの記述から「主体的に学習に取り組む態度」が育ったかどうかを読み取ります。

◆本時の評価規準

○情報をデジタル化するよさや，安全性を高めるために必要な視点について説明することができる（知・技）

○情報のデジタル化により利便性の向上が図られている技術の工夫を読み取り，情報の技術の見方・考え方に気づくことができる（思）

○進んで情報の技術と関わり，主体的に理解しようとしている（態）

◆本時の展開例（5時間目）

展開	主な学習活動	■評価（観点）と◇留意事項
導入 5分	・前時の学習内容を思い出す。	◇情報がデジタル化されることで，様々な情報をコンピュータで扱うことができるようになったことを確認する。
展開1 5分	・情報の技術が生活や社会の問題を解決している場面を探す。	◇個人で考えた場面を発表し共有することで，レポートでどのような技術を調べていけばよいか確認していく。
展開2 35分	・情報の技術による問題解決の工夫について調べる。	◇偏った見方にならないよう，複数の情報を参考にしながらまとめていくよう指導する。 ■工夫調べレポートの設問① （思）
まとめ 5分	・本時のふり返りを書く。	◇作業の感想ではなく，技術についてどのような気づきがあったかを書かせる。 ■工夫調べレポートの設問② （態）

　工夫調べレポートの作成では，生徒自身が対象の技術を決定し，必要な資料を収集し，自分なりの視点でレポートにまとめていくという手順で進めます。この学習活動では，資料集めにとても時間がかかります。今回は，1単位時間の中で全てを完結させる展開例を示しました。この場合，教師があらかじめ対象の技術をいくつかに絞った上で，参考となる資料を用意しておくなどの事前準備が必要になります。生徒に資料集めをさせるのであれば，2単位時間に分け，次の授業までの宿題として自分のレポート作成に必要な資料を探させるとよいです。

　また，生徒が書いた工夫調べレポートは，教室の壁に掲示することで他の生徒と情報共有することができます。生徒に1人1台端末を使ってまとめさせ，プレゼンの資料をクラウド上で閲覧できるようにしておく方法も考えられます。

◆評価資料の具体例

　工夫調べレポートの設問①は，対象の技術について調べたことをまとめます。今回のように文章で記述させるだけでなく，イラストをかき込んだり，写真を貼り付けたりする欄を作ってもよいかもしれません。これは観点「思考・判断・表現」で評価します。

　観点「主体的に学習に取り組む態度」は，工夫調べのふり返り（設問②の記述）で評価します。ふり返りでは，工夫調べを通して生徒にどのような気づきがあったのか，生徒がどのようなことを考えたのかを読み取ります。調べた技術についてどのような感想をもったかだけでなく，**情報の技術の見方・考え方に気づくことができたか**，この後の**問題解決の実習に向けて意欲が高まったか**などの視点からも評価します。

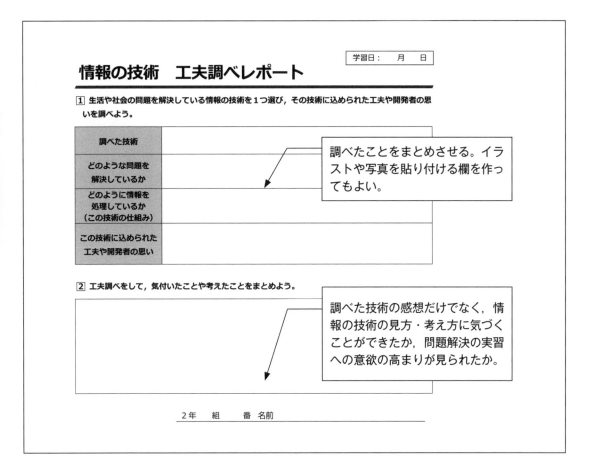

◆評価の実際例

　ここでは，設問 [2] の評価例を示します。今回はいずれも，「Web 会議システム」の技術の工夫について調べた生徒の記述です。パターン1は，既習の内容に触れながら記述している例です。パターン2は，問題解決の実習に向けての意欲を示している生徒の例です。パターン3は，自分の生活と重ねて記述している生徒の例です。この例のように，生徒が工夫を調べた後に生じる気持ちは，様々な方向へ広がっていきます。そのため，文章力によらず，その生徒がどのような方向に関心・意欲を高めたのかを把握するようにします。

パターン１　既習の内容に触れながら記述している例

〈Ａ評価の例〉

Web 会議システムは，常にインターネット回線を使って情報をやりとりするので，情報量が膨大になると思う。きれいな画像・音声を，ストレスなく利用できるようにするために，ネットワーク回線を効率よく使う技術（データの圧縮など）が大事になると思う。そのあたりの技術についても調べてみたい。	Web 会議システムを通して調べたことを，既習の内容（ネットワークの技術やデータの圧縮技術）と結びつけて考えることができている。さらに，「通信の安定のためにどのような技術が使われているのか」という発展的な内容を調べてみようとする意欲が見られ，主体的な学習態度が育っていると読み取ることができる。そのため，Ａ評価とした。

〈Ｂ評価の例〉

Web 会議システムは，とても便利なものだと思う。レポート作成前は，**どこで誰に見られているかわからないという怖さ**があった。しかし，データの暗号化や，会議の参加者を認証する仕組みがあることで，安全性を高めていることを知ったので，心配はあまりなくなった。	既習の内容（データの暗号化や認証システム）に触れているが，感想を述べて終わってしまっている。例えば，「仕組みを知ることで，技術が身近なものに感じられることがわかった」のような記述があると，生徒が「技術とは何か」という概念を考えたと読み取ることができ，より態度が深まったと判断できる。そのため，Ｂ評価とした。

パターン２　問題解決の実習に向けての意欲を示している生徒の例

〈Ａ評価の例〉

複数の人たちが一斉にネットワークにアクセスするということは，コンピュータやネットワークにとても大きな負担がかかるのではないかと思った。こうした負担を軽くする技術は大事だと思うので，**これからの実習で，自分もコンピュータに負担がかからないことを第一に考えていきたい。**	大量の情報をやりとりするときには，ネットワークへの負担を軽減する技術が欠かせないことに気づいた記述になっている。また，自分の作品でもこの部分を強く意識していきたいと，これからの実習に向けて意欲的になっていることが読み取れる。そのため，Ａ評価とした。

〈Ｂ評価の例〉

Web 会議システムにはいろいろな種類があり，自分にあったものを使用していけばよいと思った。今度授業で作るプログラムでは，今回調べた **Web 会議システムの欠点を補うような作品を作りたいと思う。**	既存の技術の欠点を補う作品を作りたいという意欲は評価できるが，具体的にどのようなことを考えているかが記述から見えてこない。そのため，Ｂ評価とした。

パターン3　自分の生活と重ねて記述している生徒の例

〈A評価の例〉

この間，私がスマホで友達とWeb会議をしているると，隣で見ていた**祖母が「昔は遠くに離れた人の顔を見ながら会話するなんてできなかったよ。便利な時代になったね」**と言っていた。さらに，**電話だと距離や時間に応じて通話料が高くなっていくが，Web会議の通信料はそれに比べるとはるかに安い。**このような技術が世界の多くの人に広まれば，豊かな暮らしを送れるようになると思う。	本時の学習が，祖母から言われた何気ない一言と結びつき，技術がもつ経済的な背景について触れながら考察できている。最終的には，技術の利用場面を国際的な視点から述べており，社会科で学習した内容とも関連させながら持続可能な技術の在り方について考える視点がもてている。そのため，A評価とした。

〈B評価の例〉

Web会議システムは，企業で当たり前に使われている。先日，家で**父がWeb会議をしていて，途中で回線が切れてしまい，復活するのに時間がかかったことがあった。**もしも，大事な取引があって，その途中でWeb会議が切断されてしまうと，大変なことだと思う。**インターネットを信頼しすぎるのもよくないと思う。**	技術のマイナス面に目を向け，過信しないようにしたいという意思を読み取れる。しかし，回線が切断された原因の分析をすることによって，これを防ぐための使い方や補うために利用できる技術を考えていくことができると思われる。生活上の失敗体験1つで技術を信頼しない（使用しない）と考えるのは，少し安直と考えられるためB評価とした。

　国語の授業ではないので文章力を評価するわけではないのですが，生徒がわかりやすい文章を書けるに越したことはありません。特に自由記述の欄は，「書けたらすぐに提出」ではなく，誰かに一度読んでもらい，わかりにくいところを指摘してもらうとよりよい文章が書けます。また，自分の気持ちを表現するのが苦手な生徒には，書き方の例文を示すなどの支援があるとよいと思います。時間があれば，こうした活動も取り入れるとよいでしょう。

（行天　健）

12 内容D　情報

1　評価のポイント

　D(2)では，ネットワークを利用した双方向性のあるコンテンツのプログラミングによる生活や社会の問題を解決する学習活動を通して，**解決策を構想しようとする態度，知的財産を創造，保護及び活用しようとする態度，自らの問題解決とその過程をふり返り，よりよいものとなるよう改善・修正しようとする態度**を育てていきます。この事例では，**自らの問題解決とその過程をふり返り，よりよいものとなるよう改善・修正しようとする態度**を育てるために，評価シートを用いた相互評価とふり返りカードを用いた学習のまとめを行います。

2　事例（題材）の概要

❶指導学年・指導内容
　第3学年
　題材名「ネットワークを利用した双方向性のあるコンテンツのプログラミングで問題を解決
　　　　しよう」

❷この事例に該当する「題材の評価規準」
　[知識・技能]　生活や社会で利用されている情報の技術についての科学的な原理・法則や基礎的な技術の仕組み及び，情報モラルの必要性及び，情報の技術と安全な生活や社会，環境との関わりについて理解しているとともに，安全・適切なプログラムの制作，動作の確認及びデバッグ等ができる技能を身につけている。

　[思考・判断・表現]　情報通信ネットワークを利用したアプリや計測・制御の技術によって解決できる問題を見いだして，必要な機能をもつコンテンツや計測・制御システムに関する課題を設定し，解決策を構想し，実践を評価・改善し，表現するなどして，課題を解決する力を身につけているとともに，よりよい生活の実現や持続可能な社会の構築を目指して情報の技術を評価し，適切に選択，管理・運用，改良，応用する力を身につけている。

　[主体的に学習に取り組む態度]　よりよい生活の実現や持続可能な社会の実現に向けて，課題の解決に主体的に取り組んだり，ふり返って改善したりして，情報の技術を工夫し創造しよ

うとしている。

3　指導と評価の計画（全20時間）

指導事項	時	主な学習活動	主な評価方法
D(1)	1～11	・生活や社会を支える情報の技術を知る。	
D(2)	12	・双方向性のあるコンテンツのプログラミングを利用した問題解決の手順を知り，簡易なチャットのプログラムを制作する。	
	13	［課題の設定］ ・情報の技術の学習をふり返り，情報の送受信に関する問題を見いだし，課題を設定する。	
	14	［技術に関する科学的な理解に基づいた設計］ ・課題を解決するために必要な仕様（入力－処理－出力）と使用するメディアを考え，制作工程表に記入する。	
	15～18	［課題解決に向けた制作］ ・プログラムを作成・実行し，動作確認するとともに，目的に沿ったプログラムとなるように修正・改善する。	
	19	［成果の評価］ ・完成したコンテンツを発表し，評価項目に沿って相互評価する。	評価シート（思） ふり返りカード（態）
D(4)	20	・情報の技術を評価し，適切な選択と管理・運用の在り方や，新たな発想に基づく改良と応用について自分の意見をまとめる。	

4　指導と評価の事例

◆評価の事例

　この学習活動ではD(2)での問題解決学習のまとめとして，ふり返りカードを使って，問題解決の過程をふり返らせながら，「コンテンツをよりよいものとなるように改善・修正しようとしている」ことについて，生徒に相互評価を基に気づいた設計の考え方を評価させます。

　この事例では，テーマを「メッセージ交換アプリ」に絞るのではなく，「災害情報を知らせるアプリ」のように生徒一人ひとりに問題を見いださせてテーマを設定させてからコンテンツを制作させています。

◆本時の評価規準

○安全・適切なプログラムの制作，動作の確認及びデバッグ等ができる（知・技）

○問題解決とその過程をふり返り，社会からの要求を踏まえ，プログラムがよりよいものとなるよう改善及び修正を考えることができる（思）

○自らの問題解決とその過程をふり返り，よりよいものとなるよう改善・修正しようとしている（態）

◆本時の展開例（19時間目）

展開	主な学習活動	■評価（観点）と◇留意事項
導入 10分	・前時の学習内容をふり返る。	◇情報がデジタル化されることで，様々な情報をコンピュータで扱うことができるようになったことを確認する。
展開 30分	・完成したコンテンツを発表し，設定した評価項目に沿って相互評価する。	◇ペアで発表者と評価者の役割を交代することで，全員に発表と評価の機会をつくる。 ■評価シート（思），制作物（知・技）
まとめ 10分	・社会で実際に利用されているコンテンツと比較し，さらに改善できる点をまとめる。	◇評価結果を基に改善点をまとめる。可能であればプログラムを修正する。 ■ふり返りカード（態）

　本時の導入では，これまでの問題解決学習をふり返らせ，課題解決に向けて自分たちがどのように制作してきたのかを確認させるとともに，制作したコンテンツの動作確認をするなど，相互評価のための発表準備をさせます。

　展開では，制作したコンテンツを評価者に向けて発表させます。ペアを組ませ，発表者と評価者の役割を交代して，相互に評価します。その際，情報の技術の見方・考え方に沿った5つの観点を評価シート（図1）に提示し，「評価の視点」として評価者に活用させます。発表後に評価者にアドバイスをさせつつ意見交換を促し，コンテンツの改善案を検討させます。相互評価終了後に，評価シートの枠に沿って得られた指摘や意見，改善のためのアイデアをふり返らせます。

　まとめでは，図2に示すふり返りカードに問題解決学習のまとめを記述させます。どのような問題を解決しようとしたのか，解決策としてどのようなアイデアを生み出したのかを順にふり返らせます。その上で，「自分たちの制作過程で不足していたことに着目して『設計』においてどのように考えておく必要があると思いますか？」と問いかけ，「設計」に関する考えをまとめさせることで，自らの問題解決とその過程をふり返り，よりよいものとなるよう改善・修正しようとしているかを確認します。

"ユーザー"から指摘された意見は「情報の技術」の何に着目されていますか

他者から意見・提案された項目は○，そのうち修正・改善できる項目は◎を左側につける

社会からの要求	人々の願い，困っていることを実現しているか	経済性	コンテンツで使用者の負担や制作時の費用を減らすか
使用時の安全性	使うことで危険がないか	情報の倫理	情報モラルに反していないか，安心して使用できるものか
システム	仕組みがわかりやすく，再現可能か		

図1　評価シートの一部

◆評価資料の具体例

発表会の後，ふり返りカード（図2）を使って，「主体的に学習に取り組む態度」を評価します。

このワークシートは，問題解決の学習過程の順に学習をふり返ることができるように工夫しています。主にコンテンツの制作過程での考え方や知的財産となる新たなアイデア，そしてよりよいコンテンツの制作を意識した設計場面のふり返りで構成しています。

この場面では，「思考・判断・表現」の評価と，「主体的に学習に取り組む態度」の評価をしっかり区別するため，生徒のコンテンツに対するイメージや理想の姿を把握できるよう，問いや記入欄を工夫しました。

制作の経緯（問題の発見と課題の設定）を説明しよう。

大雨や地震などの災害が起きたときに同じ地域の人たちと情報を共有できないという問題から災害が起こったときに地域ごとに情報を流すコンテンツを制作しようと考えました。

双方向性のあるコンテンツを制作する上で創造または活用した知的財産を説明しよう。

住んでいる地域の防災マップを調べ，地域ごとに避難場所を提示できるようコンテンツに反映させました。

生活や社会の問題を解決するコンテンツを制作するには，「設計」においてどのようなことを考えておく必要がありますか。あなたの「設計」に対する考えを書こう。

使う人の立場に立ってコンテンツを作っていなかったので，設計のときから使う人のプライバシーの保護や使いやすさを意識したコンテンツを考えなければならないと考えました。

図2　ふり返りカードの記入例

◆評価の実際例

　ここでは観点「主体的に学習に取り組む態度」を，表1の判断の目安を参考にしてA・B・Cを判断しています。評価規準である「自らの問題解決とその過程をふり返り，よりよいものとなるよう改善・修正しようとしている」ことについて，特に設計の過程について考えておくべきことを記述させ，制作時には気づきにくい使用者（ユーザー）の視点や情報の技術の見方・考え方に沿った改善案を評価します。本事例では中学校第3学年を対象としているため，材料と加工の技術など他の内容での問題解決学習を踏まえ，社会に視野を広げた記述を期待します。

表1　観点「主体的に学習に取り組む態度」の判断の目安

十分満足できる（A）	おおむね満足できる（B）
コンテンツ制作の過程とコンテンツの他者評価を踏まえ，開発者だけでなく，使用者の立場に立って，情報の技術の見方・考え方に沿った設計の考え方をまとめることができる。	コンテンツ制作の過程とコンテンツの他者評価を踏まえ，設計の考え方をまとめることができる。

〈A評価の例①〉

使う人の立場に立ってコンテンツを作っていなかったので，設計のときから**使う人のプライバシーの保護や使いやすさを意識したコンテンツを考えなければならない**と考えました。	使う人の立場で技術の見方・考え方に沿った修正点を挙げることができている。よりよいコンテンツにするために設計時から気をつけるべきことなど問題解決の過程をふり返っているので，A評価とした。

〈A評価の例②〉

1人でも多くの人に満足してコンテンツを使ってもらえるように，**1視点からだけでなく，様々な利用者を想定し，いろいろなニーズに合わせられるように考えることが大事**だと思います。また，**容量が大きくなってしまうと，コンテンツが動かなくなって意味がなくなってしまう可能性がある**ため，ハードウェアに合ったコンテンツの設計が必要だと思います。	「1視点からだけでなく，様々な利用者を想定し…」と，上の例の記述と同様に使う人の立場に立った設計の考え方を読み取ることができる。一方で，コンテンツを充実させることで容量が大きくなるとコンテンツが動かなくなるといったトレードオフの関係を指摘しており，D(1)で学んだ技術の仕組みを踏まえた設計の考え方を述べることができている。そのため，A評価とした。

〈B評価の例①〉

自分が制作したコンテンツでは，ボタンを表示することでUI（ユーザーインターフェース）を意識したコンテンツにはなったが，時間が足りず全ての機能を盛り込むことができなかった。パスワードで保護できるようにしたい。	具体的な修正点を挙げることができているが，開発者の視点のみ述べられており，相互評価による使用者（ユーザー）の視点に触れられていない。そのため，B評価とした。

〈B評価の例②〉

簡単であることが大事である。日常生活における人間の手ではこなせない問題をコンピュータに任せているので，操作がわからないと使えないから。	「簡単であること」と使用者（ユーザー）の視点で述べることができている一方で，具体的にどのように改善するべきなのかを読み取ることができない。そのため，B評価とした。

　ここでは問題解決学習のまとめでのふり返りカードを用いた「主体的に学習に取り組む態度」の評価について紹介しましたが，制作時に毎時間記述させるふり返りを，作業工程のまとまり毎にふり返ることでも状況を確認することができると思います。

　また，評価規準にある「よりよいものとなるよう改善・修正しようとしている」ことについて，設計しているときには自分が設定した課題と照らして，制作しているときなら自分が設計した仕様等と照らして，自分自身の学習活動をふり返らせるようにすることで，生徒自身が中・長期的な活動の全体を俯瞰して自己調整する力（メタ認知）が育ち，「主体的に学習に取り組む態度」の育ちにつながるのではないでしょうか。

（向田　識弘）

13 内容D 情報

1 評価のポイント

D(3)では，計測・制御のプログラミングにより生活や社会の問題を解決する学習活動を通して，**自分なりの新しい考え方や捉え方によって，解決策を構想しようとする態度**，知的財産を創造，保護及び活用しようとする態度，自らの問題解決とその過程をふり返り，よりよいものとなるよう改善・修正しようとする態度を育てていきます。この事例では，**自分なりの新しい考え方や捉え方によって，解決策を構想しようとする態度**を育てるために，課題の設定場面においてアイデアシートを用いてユーザーシナリオ手法を用いたアイデアの記述と評価を行います。

2 事例（題材）の概要

❶指導学年・指導内容

第3学年

題材名「計測・制御のプログラミングで問題を解決しよう」

❷この事例に該当する「題材の評価規準」

[知識・技能] 生活や社会で利用されている情報の技術についての科学的な原理・法則や基礎的な技術の仕組み及び，情報モラルの必要性及び，情報の技術と安全な生活や社会，環境との関わりについて理解しているとともに，安全・適切なプログラムの制作，動作の確認及びデバッグ等ができる技能を身につけている。

[思考・判断・表現] 情報通信ネットワークを利用したアプリや計測・制御の技術によって解決できる問題を見いだして，必要な機能をもつコンテンツや計測・制御システムに関する課題を設定し，解決策を構想し，実践を評価・改善し，表現するなどして，課題を解決する力を身につけているとともに，よりよい生活の実現や持続可能な社会の構築を目指して情報の技術を評価し，適切に選択，管理・運用，改良，応用する力を身につけている。

[主体的に学習に取り組む態度] よりよい生活の実現や持続可能な社会の実現に向けて，課題の解決に主体的に取り組んだり，ふり返って改善したりして，情報の技術を工夫し創造しよ

うとしている。

3　指導と評価の計画（全20時間）

指導事項	時	主な学習活動	主な評価方法
D(1)	1～11	・生活や社会を支える情報の技術を知る。	
D(3)	12	・使用する計測・制御システムにおける基本のプログラムを作成する。	
	13	[課題の設定] ・情報の技術の学習をふり返り，計測・制御に関わる生活や社会の問題を見いだし，課題を設定する。	アイデアシート（思・態）
	14	[技術に関する科学的な理解に基づいた設計] ・プログラムの試行・試作を通じて設計を具体化し，制作工程表にまとめる。	
	15～18	[課題解決に向けた制作] ・制作工程表を基に，安全・適切なプログラムを作成する。 ・動作の確認及びデバッグを行う。	
	19	[成果の評価] ・完成した計測・制御システムを発表し，設定した評価項目に沿って相互評価する。	
D(4)	20	・情報の技術を評価し，適切な選択と管理・運用の在り方や，新たな発想に基づく改良と応用について自分の意見をまとめる。	

4　指導と評価の事例

◆評価の事例

　この学習活動ではD(3)での課題の設定場面において，アイデアシートにユーザーシナリオ手法を用いてアイデアを記述させ，生活や社会の問題を解決する計測・制御システムに関する新しい考え方を評価します。

　この事例では，センサやアクチュエータ及びコンピュータが含まれるブロック型教材など，自由度の高い教材を用いて，生徒毎に異なったテーマで計測・制御システムを設計・制作させます。

◆**本時の評価規準**

○安全かつ適切なプログラムの制作，動作の確認及びデバッグ等ができる（知・技）

○計測・制御に関わる問題を見いだし，課題を設定できる（思）

○自分なりの新しい考え方や捉え方によって，解決策を構想しようとしている（態）

◆**本時の展開例（13時間目）**

展開	主な学習活動	■評価（観点）と◇留意事項
導入 5分	・使用する計測・制御システムにおける基本のプログラムを思い出す。	◇情報がデジタル化されることで，様々な情報をコンピュータで扱うことができるようになったことを確認する。
展開1 10分	・既存の製品についてその進歩の様子や製品がもつ改善した方がよい点を考える。	◇身の回りの製品に着目し，どのように変化を遂げてきたのかを紹介する。既存の製品の不便な点などを挙げさせることで改善の余地があることに気づかせる。
展開2 10分	・計測・制御のプログラムによる問題解決の流れを知る。	◇問題解決の手順を説明する。動画などを用いて過去の生徒が制作した作品を見せるとイメージをもちやすくなる。
まとめ 25分	・教科書の例などを用いながら，計測・制御に関わる生活や社会の問題を見いだし，課題を設定する。	◇宿題などであらかじめ家族など周りの人に生活や社会の問題に関するインタビューをしたものを準備させておき，学習を円滑に進める。 ■アイデアシートの①（思） ■アイデアシートの②（態）

導入では，使用する計測・制御システムにおける基本のプログラムをふり返った後，右のパフォーマンス課題を提示します。

展開1では，社会のものづくりに注目させます。既製品の計測・制御システムが，改良を積み重ね，現時点での最適解として成り立っているように，製品の改善の余地を考えていくことも実際のものづくりではあることに気づかせま

パフォーマンス課題
あなたはある会社の社員として，計測・制御システムを利用した製品を開発することになりました。開発した製品は開発会議で他者の視点を踏まえて改善したのち製品になります。製作した製品モデルをもとに，改良や再検討など改善の余地を発見し，問題の解決策を考えてください。その際，機構はできる限り簡単にして，情報がデジタル化され，処理が自動化，システム化できるようにプログラムを制作してください。

す。展開2では，授業での問題解決学習について確認し，制作する計測・制御システムの見通しをもたせます。過去の生徒が設計・制作した作品を見せることで，具体的にイメージしやすくしています。

まとめでは，生徒が生活や社会の問題を見いだして課題を設定する学習活動を課題の設定として行います。このとき，多様な問題から計測・制御システムに関わる解決策を提案させるた

め，事前に宿題などで家族など周りの人にインタビューさせることで生徒の視野を広げることも考えられます。

◆評価資料の具体例

図1のアイデアシートから，自分なりの新しい考え方や捉え方によって，解決策を構想しようとする態度を読み取ります。観点「思考・判断・表現」で評価する「計測・制御に関わる問題を見いだし，課題を設定できる」ことについては，アイデアシートの左側の製品の目的，制約条件，設定した課題の項目に沿った記述内容を基に取組状況を把握します。同時に，「自分なりの新しい考え方や捉え方を考えようとしている」という「主体的に学習に取り組む態度」については，アイデアを物語調で記述することが可能なユーザーシナリオを基に把握します。

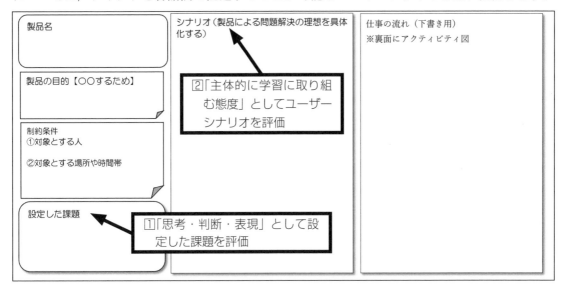

図1　アイデアシートの例

◆ユーザーシナリオ

ユーザーシナリオとは，ユーザーが商品やサービスを利用する場面を想定したシナリオ（物語）です。社会のものづくりでは，設計上の考慮点や問題点の発見，それらを解決する手段の1つとして用いられることがあります。ユーザーシナリオは，一般的に5W1Hで表現し，いつ・どこでといった状況，誰（ユーザー）が対象であるか，何（問題解決）のために，どんな製品を，どのように使うのかを表します。ユーザーシナリオは制作前の構想段階で作成することを前提としているため，ここでは「思考・判断・表現」の学習と関連付けて，「自分なりの新しい考え方や捉え方によって，解決策を構想しようとしている」態度を評価するための評価資料として，ユーザーシナリオを採用しています。

◆評価の実際例

　ここでは観点「主体的に学習に取り組む態度」を，表1の判断の目安に照らし合わせてA・B・Cを判断しています。評価規準である「自分なりの新しい考え方や捉え方によって，解決策を構想しようとしている」ことについて，ユーザーシナリオで記述した生徒のアイデアを評価します。

　ユーザーシナリオを評価しやすくするために，構造的な書き方を提示します。具体的には，最初の段落で誰のどこでどのときの問題なのか（問題），ユーザーの願いは何なのか（課題），どの製品でどのように解決したいのか（解決策），その結果どのように状況が変化してほしいのか（解決後の理想の姿）の4つの段落で記述させます。

　構想段階なので，その後の制作活動で実現不可能なアイデアも出るかもしれませんが，用いる教材で作成可能な“モデル”になるように制約条件を提示しながら，できる限り柔軟な発想ができるように配慮します。

表1　観点「主体的に学習に取り組む態度」の判断の目安

十分満足できる（A）	おおむね満足できる（B）
ユーザーシナリオに問題，解決すべき課題と解決のために必要な計測・制御システムの概要をまとめることができ，問題と課題や解決策，解決後の理想の姿を正しく対応させて記述している。	ユーザーシナリオに問題，解決すべき課題と解決のために必要な計測・制御システムの概要をまとめることができる。

〈A評価の例①〉

私は路面電車を運転するとき，乗客と電車が接触しそうになるときがあります。「はみ出した人がわかるようにしたいなぁ」。そこで，ホームに赤外線センサを導入しました。線路とホームの間に設置して，ホームからはみ出るとセンサがはみ出た物体に反応して乗客に教えるので，ホームからはみ出ることが減って，私も安心して運転できるようになりました。	この記述はホームドアを設置しにくい路面電車の乗り場での問題を取り上げている。「私」は運転士と設定しており，運転士に生じている問題を取り上げていることがわかる。また，計測・制御システムの働きについて具体的なアイデアを提案している。そのため，A評価とした。

〈A評価の例②〉

夜にシカやイノシシが畑を荒らし，農作物を台無しにしてしまうので困っています。「動物の侵入を自動で防ぎたいなぁ」。そこで，私は動物追い払いロボットを買いました。プログラムで畑をまわってくれ，センサで動物を検知し，LEDや音で追い払ってくれます。私はこのロボットのおかげで安心して眠れます。	「私」は畑の管理者であり，害獣問題を取り上げていることが読み取れる。解決策としてセンサで動物を計測すること，LEDや音を制御することが挙げられている。解決すべき問題として判断することができ，A評価とした。

〈B評価の例①〉

私は冷蔵庫を閉めるのを忘れて食材が傷んでしまうため，冷蔵庫を閉めたときに暗くなるのを察知して音を鳴らせる装置がある方がいいと思いました。	問題と解決策については読み取ることができる。一方で，音を鳴らすことによって人の生活がどのように変化するのか，解決後の姿が記述されていない。そのため，B評価とした。

〈B評価の例②〉

車を運転しているとき，周りが明るいとライトをつけ忘れてしまいそうです。私が歩いていたとき，ライトのついていない車が迫ってきてとても驚きました。そこで私は，暗くなると自動でライトのつく車を提案します。光センサが暗いと認識したとき，ライトがつきます。	「私」が運転者なのか，歩行者なのかがあいまいであり，問題の対象が特定されていない。ユーザーシナリオでは，製品の使用者（ユーザー）を明確にし，解決すべき問題を示す必要がある。そのため，B評価とした。

　ものづくりの場面で設定する「自分なりの新しい考え方や捉え方によって，解決策を構想しようとしている」という「主体的に学習に取り組む態度」の評価では，生徒の柔軟な発想や新しい考え方に込められた生徒の思いや意思を，できる限り客観的に読み取るようにします。さらに，その評価を生徒へフィードバックすることで「実現させたい！」というものづくりに対する強い思いを促すことにつながると思います。"解決策を構想しようとしている"というのは内面的な部分であり，言語化しにくいと感じていますが，ユーザーシナリオのように物語で考えさせるなど，様々な方法を工夫できます。「思考・判断・表現」を通して意欲を引き出す方法を，ぜひ探り続けたいですね。

（向田　識弘）

14 内容D　情報の技術

1　評価のポイント

　D(4)では，生徒が普段の生活で耳にするような最新の情報の技術を例に挙げ，情報の技術の在り方や将来展望を考える学習活動を通して，情報の技術を工夫し創造していこうとする態度を育てていきます。

　ワークシートから「今後，情報の技術とどう向き合っていくのか」や「持続可能な社会の形成」への意欲や態度を把握できるように，思考ツールや生徒間の対話を効果的に活用して，生徒自身の意識の変容や成長の実感を可視化して，「主体的に学習に取り組む態度」を評価します。

2　事例（題材）の概要

❶指導学年・指導内容
　第3学年
　題材名「これからの社会の発展と情報の技術の在り方について考えよう！」

❷この事例に該当する「題材の評価規準」
　[知識・技能]　生活や社会で利用されている情報の技術についての原理・法則や基礎的な技術の仕組み及び，情報モラルの必要性について理解している。また，安全・適切なプログラムの制作，動作の確認及びデバッグなどができる技能を身につけている。

　[思考・判断・表現]　生活や社会の中から情報の技術に関わる問題を見いだして課題を設定し，解決策を構想し，実践を評価・改善し，表現するなどして，課題を解決する力を身につけているとともに，よりよい生活の実現や持続可能な社会の構築に向けて，情報の技術を評価し，適切な選択と管理・運用，改良，応用する力を身につけている。

　[主体的に学習に取り組む態度]　よりよい生活の実現や持続可能な社会の構築に向けて，課題の解決に主体的に取り組んだり，ふり返って改善したり，情報の技術を工夫し創造しようとしたりしている。

3　指導と評価の計画（全31時間）

指導事項	時	主な学習活動	主な評価方法
D(1)	1～4	・情報処理の仕組みや情報の伝達方法について学ぼう。	
D(2)	5～8	・使う人のことを考えて，安全で適切なプログラムを作ろう。 ・プログラムのデバッグができるようになろう。	
	9～14	・安全で利便性の高いチャットプログラムを開発しよう。	
D(3)	15～19	・センサやAIを用いて，ごみを分別してみよう。	
	20～29	・計測・制御システムを利用して，生活や社会で役に立つ製品を開発しよう。	
D(4)	30～31	・情報の技術のよりよい在り方や未来展望について話し合い，自分なりの意思をまとめる。 ［情報の技術の光と影を見つめよう］ ・調べることやグループでの対話を通して，最新の情報の技術には「光と影」の部分があることに気づかせる。その上で，持続可能な社会の形成のために必要なことについて考えを深めていく。 ［技術の在り方についてまとめよう］ ・これまでの３年間の技術分野等の学習で得た学びを基に持続可能な社会の形成に自己がどのように関わっていくべきかについて考えを深めていく。	ワークシート（知・思・態）

　生活や社会における情報の技術の活用について，環境や安全性，経済性等の視点から，研究開発が進められている新しい情報の技術の優れた点や問題点を整理し，意思決定させます。

4　指導と評価の事例

◆評価の事例

　この学習活動では，生徒の自己評価や意識の変容を可視化する活動を充実させ，様々な視点から学習課題と向き合わせた上で，生徒のワークシートの記述を基に「主体的な学習に取り組む態度」を評価します。

　指導に際しては，事前にどのような視点で評価するかを明確にしておくことが大切です。また，ある程度その視点を生徒と共有しながら学習を進めることも，学習効果を高めます。

◆本時の評価規準

○生活や社会，環境との関わりを踏まえて，情報の技術の概念を理解している（知・技）

○情報の技術を評価し，適切な管理・運用の在り方や，新たな考えに基づく改良と応用について考えている（思）

○よりよい生活の実現や持続可能な社会の構築に向けて，自己と情報の技術との関わりを踏まえて，課題の解決に主体的に取り組もうとしている（態）

◆本時の展開例（31時間目）

展開	主な学習活動	■評価（観点）と◇留意事項
導入 5分	・前時のふり返りをグループで交流する。 ・技術を評価する際の視点を共有する。 ・学習課題を知る。	◇情報の技術を光と影の視点から見つめ，将来性や問題点について理解している。 ■ワークシートの記述欄①（知）
	学習課題：これからの情報の技術の在り方について考えよう	
展開1 15分	問い：人工知能の技術にはどのような光と影があるのだろうか	
	・既存の製品についてその進歩の様子や製品がもつ改善した方がよい点を考える。	◇身の回りの製品に着目し，どのように変化を遂げてきたのかを紹介する。既存の製品の不便な点などを挙げさせることで改善の余地があることに気づかせる。
展開2 20分	・これまでの学習をふり返りながら，人工知能の光と影や活用方法についてまとめる。 ・まとめた結果をグループで交流し，さらに視点を広げる。 ・レーダーチャートを用いて，人工知能について多面的に評価する。	◇情報の技術に関する学習で得た知識・技能や問題解決の視点，問題解決の経験を生かし，人工知能の光と影について多面的・多角的に見つめ，適切な管理・運用や改良・応用について自分なりの考えをもてるように指導する。 ■ワークシートの記述欄②（思）
まとめ 10分	・人工知能についての技術的価値について10段階で判断する。 ・10段階評価の変容から，自己の考えの変化の要因を見つめる。 ・これからの私たちの生活と持続可能な社会を形成するために必要な取組や考え方についてワークシートにまとめる。	◇持続可能な社会を実現するという視点から，人工知能の活用について，自分事として捉え，誠実に技術の問題と向き合っている。 ◇3年間の学習で学んだことについても想起させ，資源や環境，エネルギー問題についても関連付けて考えられるよう指導する。 ■ワークシートの記述欄③（態）

◆評価資料の具体例

前時（第30時）で使用したワークシート　　　　本時で使用したワークシート

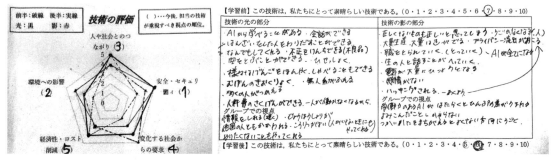

生徒の実際の記述例

◆評価の実際例

判断の目安

〈C評価の目安〉 B評価の目安に該当しない場合。	〈B評価の目安〉 「よりよい生活の実現や持続可能な社会の構築の向けて」という前提を踏まえての記述。 ・光と影の両方の視点から考えている。 ・自分事として問題を捉えている。 ・具体的な事例を挙げて説明できている。 ・自己の評価の変容に目を向けている。 以上のうち複数に該当すれば「B評価」	〈A評価の目安〉 B評価の目安に加えて，以下のような自分なりの考えによる記述が見られるもの。 ①改良・応用に関する新たな提案。 ②具体的な問題解決の方法の提案。 ③授業で取り上げていない問題への関連付け。

〈A評価で見られる生徒の記述内容の例〉

[改良・応用に関する新たな提案]

・AIの長所をさらに伸ばすための方略について記述している。

・AIの短所を改善するための方略について記述している。

・人命救助や社会格差の解消など，より価値のある活用方法を提案している。

・AIができないことについて様々な視点から深く考えている。

・セキュリティの向上についての具体的な提案をしている。

[具体的な問題解決の方法の提案]

・AIとどのように共生していくべきかについて具体的に示している。

・トレードオフを見つけ，最適化することの価値を自分なりに説明している。

・課題や不完全性をもつ技術を適切に評価する意義について説明している。

・今の時代に合った評価の方法を見つけることの大切さについて提案している。

・依存症などの問題からよりよく生きるための方法について考えている。

・技術を正しく疑うための視点について触れている。

・AIを適材適所として使うための事例について触れている。

[授業で取り上げていない問題への関連付け]

・身近な社会や生活で抱えている問題から自己の考えを展開している。

・社会からの要求に応えすぎることの問題点から技術を評価している。

・伝統・文化に与える影響から技術を評価している。

・自分たちがどんな大人になるべきかという視点を踏まえて考えている。

・まだ気づかれていないトレードオフを見つけるための人材の育成という視点から評価して

いる。

・国際的な格差を生み出すことへの懸念から活用法を説明している。

・人間と社会とのつながりの変化から発生する新たな問題について説明している。

〈A評価の例①〉

情報の技術は，ある一定までは人々の生活を豊かにしていく。一方で，セキュリティや雇用問題など影の要素ももっている。しかし，地球温暖化や**医療問題などの困難な問題を解決できる可能性**をもっているメリットは大きく，AIを私たちが手放すのは難しい。そのことを踏まえると，人間の能力を超える**「技術の特異点」**付近では，AIの成長に合わせて，人間ができることと**AIによって効率的・効果的になること**を選別して，AIを活用することが大切だと思う。	B評価の目安に加えて，**②具体的な問題解決の方法の提案**として，教育への活用方法を提案している。また，**③授業で取り上げていない問題への関連付け**として，技術分野の他の内容や教科で学習した内容との関連付けが見られるので，A評価とした。

〈A評価の例②〉

人間が住みやすい社会をつくるためには，製品に組み込むAIの存在が必要不可欠だが，新しい製品を生み出すための，製造コスト，地球温暖化の問題など影の要素も見過ごせない。AIを私たちの生活から切り離していくことができない以上，便利さと経済性や環境との**トレードオフの関係を全員が理解し，釣り合いがとれたところでの使用を続けるか，製品の地球環境に優しい製造方法を確立する**かが必要になると考えている。	B評価の目安に加えて，自分の見解を具体的に展開した上で，まとめで**①改良・応用に関する新たな提案**と，**②具体的な問題解決の方法の提案**が見られるので，A評価とした。

〈B評価の例〉

AIの進歩により，セキュリティの強化や介護など人間の生活を支えてくれていますが，時代が進むにつれて人間よりAI中心の世界になってしまう可能性があるので，AIにはやりすぎない程度にプログラミングする必要があると思う。	光と影や具体的な事例を挙げているのでB評価の目安を満たしている。一方で，A評価の目安にある①②③については，どれも具体性がなく，不十分さを感じる。そのため，B評価とした。

　入学したばかりの中学1年生が，3年後（卒業時）にどのように成長しているかをイメージしたものが，D(4)のA評価の目安になると考えています。技術分野を担当する先生方は，このイメージに近づけるために，3年間を見通した学習題材や指導方法を日々考えていらっしゃると思います。もちろん中学1年生のときには，高度なことはできません。発達の段階に応じて，生徒と一緒に題材毎の「目指す生徒の姿（A評価）」を考えていき，それを3年間積み重ねることが，教科指導の最大の醍醐味なのだと考えています。

(関　健太)

15 3年間のまとめ

1 評価のポイント

　3年間の最後の学習では，「技術」を広く捉えて，社会の発展との関わりについて考える学習を通して，**よりよい生活や社会の構築を目指して技術を工夫し創造しようとする態度**を育てていきます。

　この事例では，**技術と積極的に向き合おうとする態度**を育てるために，技術を広く捉えて，その活用法やよりよい在り方を考えさせるよう工夫しています。

　また，**こうした態度**を評価するために，ワークシートを2つの記入欄に分ける方法と，態度の長期的な変容を2枚のワークシートから読み取る方法を紹介しています。

2 事例（題材）の概要

❶指導学年・指導内容
　第3学年
　題材名「3年間のまとめ」（3年間の最終回の授業）

❷この事例に該当する「題材の評価規準」
　[知識・技能]　生活や社会，環境との関わりを踏まえて，技術の概念を理解している。

　[思考・判断・表現]　技術を評価し，適切な選択と管理・運用の在り方や，新たな発想に基づく改良と応用について考えている。

　[主体的に学習に取り組む態度]　よりよい生活の実現や持続可能な社会の構築に向けて，技術を工夫し創造しようとしている。

3　指導と評価の計画（全3時間）

指導事項	時	主な学習活動	主な評価方法
A～C (3) D(4)	1～2	・技術のよりよい在り方や未来展望について話し合い，自分なりの意思をまとめる。	ワークシート（知・思・態）
	3	・3年間の学習をふり返り，自分の成長を見つけ，技術と向き合う意思や態度を表明する。	ワークシート（態）

4　指導と評価の事例

◆評価の事例1「社会の発展と技術」

　この学習活動では，社会を支える技術（伝統のものから最新のものまで）を評価し，これからの技術の在り方や将来展望について話し合い，自分の意思や態度を表現します。ワークシートを使って，生徒の記述内容から「主体的に学習に取り組む態度」を評価します。

◆本時の評価規準

○これまでの学習を踏まえ，技術の概念を理解している（知・技）

○よりよい生活や社会の構築を目指して，技術を評価し，技術の在り方や将来展望について，自分なりの考えをまとめることができる（思）

○よりよい生活の実現や持続可能な社会の構築を目指して，技術を進んで工夫し創造しようとしている（態）

◆本時の展開例（2時間目）

展開	主な学習活動	■評価（観点）と◇留意事項
導入 5分	・前時の学習内容を思い出す。 ・本時のねらいを確かめる。	◇情報の技術を光と影の視点から見つめ，将来性や問題点について理解している。 ■ワークシートの設問①（知）
展開1 20分	・前時に班で話し合ったこと（ワークシートの設問①）を発表し，クラスで共有する。 ・他班の考えに，質問や意見を伝える。	◇各班で話し合った内容は，1人1台端末等を利用して共有しやすくする。
展開2 20分	・ワークシートに，これからの技術の在り方や将来展望について，自分なりの提言をまとめる。 ・ワークシートに，自分自身が技術とどう向	■ワークシートの設問②（思） ■ワークシートの設問③（態）

	き合っていきたいか，意思や決意を表明する。	
まとめ 5分	・数名の記述をクラスで共有する。 ・本時の学習をふり返る。	

前時（この学習の1時間目）には，3年間で学習した技術を思い出したり，社会全体で利用されている技術（社会を支える技術）を広く俯瞰したりしながら，技術が果たす役割と影響について整理します。その後，班ごとにこれからの技術の在り方や将来展望について話し合い，1人1台端末を利用してスライド資料に結果をまとめます。

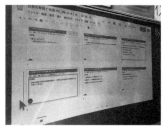

本時では，スライドの内容を発表・説明しながら，クラス全体で共有し，技術のよりよい在り方や，今後の技術の在り方（将来展望や，新しく開発したい技術等）について話し合い，考えを深めます。話し合いを終えたら，ワークシートを利用して，自分の考えや態度を整理していきます。

学習日（　　月　　日）

【3年間のまとめ】社会の発展と技術

これまで3年間で，次のような技術について学んできました。
A　材料と加工の技術　　C　エネルギー変換の技術
B　生物育成の技術　　　D　情報の技術

3年間の技術分野の学習を通して，私たちは様々な分野の技術を知り，その技術の上手な生かし方を学んできました。皆さんは，生活や社会にある問題を解決するときに，自分で問題を見いだして課題を設定し，それを解決する製作品やプログラムを設計（または生物の育成を計画）し，解決するための力を身に付けてきました。技術を組み合わせていくと「あったらいいな」「こんなことを実現したい」という願いを形に表すことができます。みなさんはもう，自分の手で技術を生かし，夢を形にすることができるはずです。

夢を形にすることは，生活を豊かにするばかりではなく，社会全体が豊かになることや，環境を守って産業が盛んになること，経済の在り方が変化すること，人権や福祉の問題を解決して多くの人が笑顔で過ごすことなどにつながります。これからも技術を見極めながら活用して，様々な問題を解決していけるよう，技術について学び続け，技術と誠実に向き合っていきましょう。

■1　「技術」は，生活や社会でどのような役割を果たしていけばよいだろう。
　　＜班で話し合おう。SDGsの視点を踏まえて整理しよう。＞

■2　これからの未来では，技術はどのように発展し，どのような役割を果たしていけばよいだろうか。あなたの考えと，その理由や根拠をまとめよう。

■3　あなたは，これから「技術」とどのように向き合っていきたいですか。あなたの思いや気持ち，心がけを書いてみよう。

3年　　組　　番　名前（　　　　　　　　　）

ワークシートの例

◆評価資料の具体例

　このワークシートは，グループで話し合ったことを記入しながら考える欄と，自分の考えや気持ちを整理して記入する欄に分けてあります。記入する欄は，観点「知識・技能」，観点「思考・判断・表現」，観点「主体的に学習に取り組む態度」の3つに分けて，それぞれに合う問いかけを工夫しています。

　記入欄は分かれていますが，「知識・技能」→「思考・判断・表現」→「主体的に学習に取り組む態度」の順に並べることで，それぞれの欄を関連付けやすくなるよう工夫しています。

◆評価の実際例

　ワークシートの設問3では「あなた自身は，これから『技術』とどのように向き合っていきたいですか。あなたの思いや気持ち，心がけを書いてみよう」と問いかけて，3年間の学習を通して醸成された技術を工夫し創造しようとする態度の状況を把握しています。

　生活や社会の問題の解決に注目しているか，生物育成の技術の具体的な活用法や技術活用の意思や決意が見られるかを読み取ります。場合によっては，設問2の「思考・判断・表現」の記述も参考にします。これを次の表のような目安でA・B・Cを判断しています。

	問題解決の目的を読み取れない	身近な生活の問題解決に生かそうとしている	社会（他者）の問題解決に生かそうとしている
具体性や意思・決意がおおむね見られる	C評価	B評価	
具体性や意思・決意が顕著に見られる			A評価

〈A評価の例〉

私は将来，AI について研究をしたいです。AIにアニメやマンガなどの登場人物の性格や話し方などを学習させて，少しだけでもいいので話してみたいです。また，**この会話能力を使って，高齢者や子どもの話し相手になれればいいなと**思っています。だから私は，今ある技術について，**高校で詳しく勉強し，AI の研究ができるようになりたいと思いました。**	・AI の研究に携わりたいという明確な意思・決意が見られる。 ・AI を社会的な問題解決に生かそうとする具体性が見られる。 ・技術に積極的に関わっていきたい，技術を（自ら）開発したいという明確な意思（態度）を読み取れる。 →A評価とした。

〈B評価の例〉

技術はとても便利なものなので，**環境や他の生物へ配慮しながら，**持続可能な社会を目指し，**新たな技術を開発していきたい。**	・「環境や他の生物へ配慮しながら」「新たな技術を開発していきたい」と，技術へ関わろうとする意思が見られる。 ・しかし，問題解決に生かそうとしている様子や具体性があまり見られない。 →B評価（またはC評価）とした。

❷評価の事例2「3年間の態度の変容」

　この学習活動では，1年生（入学当初）の記述と3年生（卒業直前）の記述の変化から，生徒の3年間の態度の変容を読み取って「主体的に学習に取り組む態度」を評価します。

◆本時の評価規準
○よりよい生活の実現や持続可能な社会の構築を目指して，技術を進んで工夫し創造しようとしている（態）

◆本時の展開例（3時間目）
　1年生の入学当初に「技術って聞いて思いつくことは何だろう？」と問いかけて自由に記述させたワークシート（当時は10分ほどで記入しました）を，授業の冒頭で配付します。その記述を見て，生徒は「懐かしい！」「最初はこんなふうに思ってたんだ」と，当時を思い出します。

　次に，入学当初と同じ質問を再度問いかけます。すると生徒からは「1年生のときは，技術と聞いてこんなことを思っていたけど，今はこう思う」というように，3年前とは技術の概念が変化していることに気がつきます。また，3年間の学習の思い出を書きながら「授業をきっかけにして，自分でプログラミングをやるようになった」「授業を受けて，家のことを自分でやろうと思うようになった」など，生徒自身が自分の意思や態度の変化に気づき，それを言葉で書き表し始めます。書き始めはみんなでワイワイ会話していますが，徐々に会話がなくなり，全員が書くことに夢中になります。15〜20分ほどでワークシートを書き終えます。

◆評価資料の具体例
　次ページの左上のように，入学当初では「技術と聞いて，今思いつくことを書こう」と問いかけ，自由に記述させています。その裏面（または隣ページ）には，卒業直前に「3年間の学習をふり返ろう」「技術と聞いて，今思いつくことを書こう」と問いかけます。さらに「3年間の学習を通して，技術への関心が高まったと思いますか」と自己評価させ，◎・○・△の記号とその理由を記入させています。

◆評価の実際例
　生徒の態度の変容は，入学当初の記述と卒業直前の記述とを比べたときに，記述の変化に表れます。その変化から，3年間の学習を通して3観点がバランスよく育まれた証として，知識・技能，思考力・判断力・表現力，技術的課題解決力，粘り強さや自己調整力，技術の概念などが育った様子を読み取ることができます。そして，その変化を「量の変化」「質の変化」「情意の変化」の3段階で読み取ることで，態度の変容をわかりやすく評価することができます。

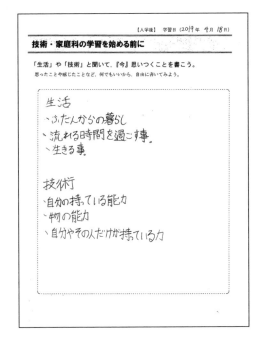

入学当初の生徒の記述例

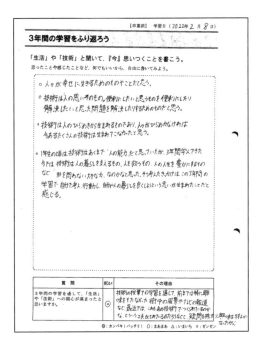

卒業直前の生徒の記述例

3年間の態度の変容例

長期的な態度の変容を評価する，判断の目安

第1段階 量が変化している	第2段階 質の向上が見られる	第3段階 情意の変化が見られる
（入学当初に比べて）記述量が少しでも増えているか。	単語が文章になった，他観点の成長が見られた等。	技術に対する気持ちの変化が表れた，見方や考え方の変化や概念の変化が見られた等。

────────────→ C評価

──────────────────────→ B評価

──────────────────────────────────→ A評価

　このように，生徒の記述の変化を量・質・情意の3視点から読み取る方法では，短時間で生徒の態度の状況を把握でき，評価がわかりやすくなります。生徒の名前を見ずに，授業中の様子（授業態度）を思い浮かべない方が，より客観的な評価につながります。

〈A評価の例〉

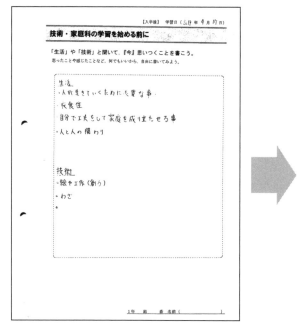

入学当初の生徒の記述例 　　　　　　　　　　　卒業直前の生徒の記述例

（入学当初の記述内容）	（卒業直前の記述内容）
生活　・人が生きていくために必要な事 　　　・衣食住 　　　・自分で工夫して家庭を成り立たせる事 　　　・人と人の関わり 技術　・絵や工作 　　　・わざ	技術は何かを創ることだと思っていたけど，生活の中で使っているテレビやエアコン，レンジなど自分の身の回りにたくさんあることを学びました。（中略）生活している中で不便だと思ったところを自分で改良したり，ここにこういう技術があったらいいなという考えをもつきっかけになりました。技術のおもしろさやすごさを学べました。

・量の変化：入学当初に比べて，記述量が増えている。
・質の変化：知識や技能，問題解決などを学んで力を身につけたことを実感している。
・情意の変化：技術に対する気持ちの変化や，「自分で改良する」「考えをもつきっかけになった」
　等，進んで技術に向き合おうとする意思が見られる。
→A評価とした。

124

〈B評価の例〉

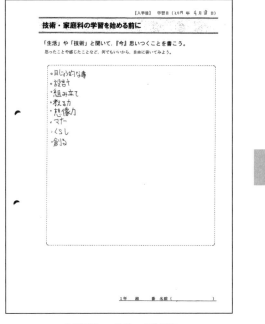

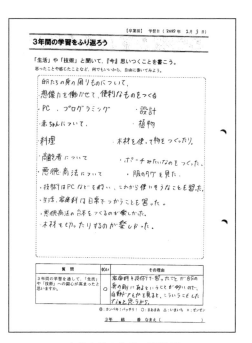

入学当初の生徒の記述例　　　　　　　　　　卒業直前の生徒の記述例

（入学当初の記述内容）		（卒業直前の記述内容）
・日常的なこと ・組み立て ・想像力 ・くらし	・設計 ・考える力 ・マナー ・創る	自分たちの身の回りのものについて，想像力を働かせて便利なものをつくる。PC，プログラミング，設計，植物。木材を切ったりするのが楽しかった。技術で習ったことが自分の身の回りにあるということが多いので，自動ドアとかを見ると，こういうことをしたいなあと思うから。

- ・量の変化：単語が文章へと変化している。
- ・質の変化：技術分野の学習で学んだキーワード（プログラミング，植物など）が増えている。
- ・情意の変化：「楽しかった」「こういうことをしたいなあと思う」という技術に対する気持ちの変化は見られるが，進んで技術に向き合おうとする意思が見られない。
- →B評価とした。

　3年間の態度の変容を読み取ることで，技術を工夫し創造しようとする態度が育った様子を丁寧に評価できます。また，生徒自身が成長に気づくだけでなく，授業者自身の授業評価にもつながり，生徒も授業者も楽しく学ぶことができます。

（尾﨑　誠）

【執筆者紹介】（執筆順）

尾﨑　　誠　湘南工科大学教職センター

菊池　貴大　神奈川県相模原市立上溝中学校

関　　健太　北海道教育大学附属旭川中学校

向田　識弘　金沢学院大学教育学部

横山　駿也　埼玉県飯能市立飯能第一中学校

滝本　穣治　茨城大学教育学部附属中学校

小八重智史　宮崎大学教育学部

行天　　健　横浜国立大学教育学部附属横浜中学校

【編著者紹介】

尾﨑　誠（おざき　まこと）
湘南工科大学総合文化教育センター／教職センター准教授。前神奈川県厚木市立藤塚中学校総括教諭。学習指導要領等の改善に係る検討に必要な専門的作業等協力者，評価規準・評価方法等の工夫改善に関する調査研究協力者等を務める。主な著書に『中学校技術・家庭　技術分野　指導スキル大全』（明治図書，共著），『ヤマ場をおさえる学習評価　中学校』（図書文化，共著），『平成29年版　中学校新学習指導要領の展開　技術・家庭　技術分野編』（明治図書，共著）等がある。

小八重　智史（こばえ　さとし）
宮崎大学教育学部講師。長崎県公立学校教諭，長崎大学教育学部附属中学校教諭を経て現職。日本産業技術教育学会実践研究活性化委員を務める。技術科教育を専門としており，思考力・判断力・表現力等の効果的な育成を中心に据え，幅広く実践研究を進めている。主な著書に『中学校技術・家庭　技術分野　指導スキル大全』（明治図書，共著），『平成29年版　中学校新学習指導要領の展開　技術・家庭　技術分野編』（明治図書，共著）がある。

向田　識弘（むかいだ　のりひろ）
金沢学院大学教育学部講師。京都市立中学校教諭，広島大学附属中学校・高等学校教諭を経て現職。京都市立中学校教育課程指導計画作成委員，輪島市中学校研究推進アドバイザーを務める。著書に『中学校技術・家庭　技術分野　指導スキル大全』（明治図書，共著），『オンラインで拓く技術・情報教育の可能性』（日本産業技術教育学会，共著），『授業例で読み解く新学習指導要領　中学校技術・家庭「技術分野」』（開隆堂出版，共著）等がある。

中学校技術・家庭　技術分野
「主体的に学習に取り組む態度」の
学習評価完全ガイドブック

2023年6月初版第1刷刊　ⒸC編著者　尾　﨑　　　誠
　　　　　　　　　　　　　　　　　小　八　重　智　史
　　　　　　　　　　　　　　　　　向　田　識　弘
　　　　　　　　　　　　発行者　藤　原　光　政
　　　　　　　　　　　　発行所　明治図書出版株式会社
　　　　　　　　　　　　　http://www.meijitosho.co.jp
　　　　　　　　　（企画）茅野　現（校正）江﨑夏生
　　　　〒114-0023　　東京都北区滝野川7-46-1
　　　　振替00160-5-151318　電話03（5907）6702
　　　　　　　　　　　　ご注文窓口　電話03（5907）6668
＊検印省略　　　　　　　組版所　中　央　美　版

Printed in Japan　　　　　　　ISBN978-4-18-239525-3
もれなくクーポンがもらえる！読者アンケートはこちらから→